AF452388

SUPPLÉMENT
AUX OBSERVATIONS

POUR le Comte DE MORANGIÉS.

TREIZE mois d'inftruction, & deux d'examen, ont donc enfin produit un premier Jugement dans l'affaire du Comte de Morangiés. Je favois bien que la procédure étoit au moins irréguliere ; j'ignorois que la Sentence dût être abfurde. Je n'étois que trop inftruit que dans la premiere on avoit violé toutes les regles de la Juftice ; je ne m'attendois pas que dans la feconde on oublieroit toutes celles de la raifon. C'eft pourtant ce qui eft arrivé.

Eft-ce un motif de confolation ou d'effroi pour le Comte de Morangiés ? Je n'oferois rien décider à cet égard ; mais il me femble qu'aux yeux de tout appréciateur impartial il doit réfulter un préjugé bien avantageux en fa faveur, du fait inconteftable que depuis le commencement de cette étrange affaire, on n'a pu encore le compromettre que par des calomnies & des prévarications qui auroient paru puériles, fi elles n'étoient affreufes, & que dans toutes les démarches multipliées contre lui on n'a fauvé le ridicule qu'à force d'atrocités.

Par exemple, la Sentence du 28 Mai 1773 prononce quelques condamnations férieufes ; fans cela pourroit-on y voir autre chofe qu'un enchaînement de contradictions amoncelées ? Seroit-il

A

poſſible de la regarder autrement que comme un eſſai qu'on a voulu faire de la quantité d'inconſéquences qu'il ſeroit poſſible de raſſembler avec les formes judiciaires dans un petit eſpace ?

Elle déclare le Comte de Morangiés innocent de la ſubornation, de ce délit, ou plutôt de cette chimere imaginée avec tant d'adreſſe, & accréditée avec tant d'audace pour induire le Public en erreur, & elle punit les témoins qui ont concouru à le juſtifier. Elle abſout un coupable convaincu de faux témoignage par la procédure ; elle lui accorde même des dommages-intérêts, & elle abſout également des Accuſés qui n'ont été inculpés que parce qu'ils l'ont démaſqué, des Accuſés qui méritent un châtiment exemplaire s'ils ont dit faux, & dont les dépoſitions doivent entraîner la flétriſſure de celui qu'elles compromettent ſi elles ſont fondées. Elle prononce ſur un objet civil qui n'étoit point de la compétence des Juges, & elle écarte l'objet criminel qui étoit ſeul de leur reſſort ; en tranchant ſur cet objet civil, elle y joint contre le Comte de Morangiés une peine qui devient une dériſion par ſa modicité, s'il eſt coupable, & s'il eſt innocent une léſion énorme par les ſoupçons qu'elle autoriſe. Elle ſemble avoir été donnée à la force d'un titre qui n'a par lui-même aucune valeur ; & d'un côté, en retranchant une partie de la ſomme qu'il contient, elle déroge à ce titre qui ne peut être valable qu'autant qu'il reſte en ſon entier ; de l'autre, elle lui prête une extenſion dont il n'eſt pas ſuſceptible, en y ajoutant la contrainte par corps qu'il n'emporte pas. Elle anéantit des pieces authentiques, munies de l'intervention d'un Officier public, appuyées des témoignages les plus précis ; & le procès n'a été fait ni à ces pieces qui n'ont pas même été produites, ni à l'Officier qui n'a pas même été accuſé ; de ſorte que l'ouvrage, dont la minute n'eſt pas jointe, eſt proſcrit comme étant le fruit du crime, & l'auteur en reſte impuni comme n'ayant fait qu'une action irrépréhenſible.

Tels ſont quelques-uns des traits qui caractériſent la Sentence rendue par le Bailliage du Palais le 28 Mai 1773.

Si l'on trouve de ſemblables écarts dans une piece deſtinée par eſſence à être vue, examinée, critiquée, & qui étant le réſultat apparent des travaux de ſept Avocats, ne devroit pas, ce ſemble, offrir des traces fi évidentes d'aveuglement , combien en peut-on fuppofer dans l'inftruction même , qui de fa nature doit refter fecrete, qui a été dirigée par un homme feul , peu habitué à ce genre de procédures, & qu'on n'eft que trop autorifé à foupçonner de s'être laiffé entraîner par la plus opiniâtre , la plus crédule prévention.

Quand je ne parle ici que de foupçons fur la procèdure, c'eft par un ménagement dont je pourrois bien me difpenfer ; & plût à Dieu que nous n'euffions que de légers indices à alléguer contre cet effrayant monument de la foibleffe ou de la perverfité humaine ! Il y a fur cet article de bien terribles chofes à dire ; mais qui les dira ? Qui aura la démence généreufe de s'expofer foimême pour fauver un honnête homme indignement opprimé; de hafarder, pour la rédemption de l'innocence, fon repos, fon honneur , fon état, fa perfonne ? car toutes les efpeces de dangers font ici réunis; de s'élever feul contre une cabale acharnée & protégée , contre une ligue que rien ne déconcerte, contre une affociation qui réuffit à proftituer au foutien du crime les plus faintes reffources que les Loix aient ménagées à la Juftice pour le confondre ?

L'infortuné Comte de Morangiés a été livré à fes ennemis, enchaîné, garotté comme une victime dont ils fe flattent de confommer bientôt le facrifice ; quel fera l'homme enflammé d'un enthoufiafme affez noble , mais affez imprudent, pour aller, au rifque de ce qu'il a de plus cher , effayer de couper ces liens que la fraude a tiffus , & troubler, en faifant briller la vérité au milieu de la troupe des coupables, le partage des dépouilles odieufes qui font évidemment l'unique objet de ce monftrueux procès ?

C'eft moi, je le fens bien, & moi feul que cet honorable & périlleux miniftere concerne. Mais d'après ce qui s'eft paffé , & ce qui fe paffe encore, trouverai-je en moi-même affez de fermeté pour le remplir ? S'il n'y avoit que des dangers attachés au perfonnage de Défenfeur du Comte de Morangiés, je n'aurois jamais balancé à continuer de m'en charger; mais on veut y joindre l'opprobre; j'avois du courage contre les menaces, je n'en ai plus contre l'humiliation. Les auteurs du complot cruel qu'il faut démafquer favent bien que de toutes les épreuves par lefquelles on peut fe flatter d'ébranler une ame fenfible, celle-là eft la plus rude. Auſſi eſt-ce la derniere reſſource dont ils ont fait uſage pour enlever enfin au triſte objet de leur cupidité un Défenſeur intraitable, avec qui il n'y a point d'accommodement à eſpérer, & dont le zele s'accroiſſant avec les obſtacles, ſe meſure toujours, non pas ſur les facultés de ſes Cliens, mais ſur leurs beſoins & le degré de l'oppreſſion qu'ils éprouvent.

C'eſt peu d'avoir voulu me rendre ce zele funeſte, ils ont travaillé, ils travaillent encore à le rendre honteux ; c'eſt peu qu'on ait épuiſé l'artifice & multiplié les efforts pour m'impliquer perſonnellement dans la procédure, comme ayant eu part à cette chimere de ſubornation que la Sentence du Bailliage même fait évanouir ; c'eſt peu que le nommé Teſſon, Géolier de la Conciergerie, ami intime du Procureur du Roi du Bailliage *, déjà chargé d'avoir eu part à la ſeule ſubornation réelle qui exiſte dans cette inconcevable affaire, & la ſeule qui n'ait pas été approfondie, à celle des Dujonquay, des Gilbert, des Aubriot, en ait encore pratiqué depuis une nouvelle envers la fille Hériſſé, qu'il ait preſſé vivement cette malheureuſe créature **, que je n'ai jamais vue, à qui je n'ai de ma vie parlé, de déclarer que c'étoit moi qui lui avois arraché ſa fameuſe rétractation du 13 Mars 1773, & que je lui avois parlé dans le Cabinet de M. le Lieutenant Criminel ; on a pouſſé bien plus loin l'outrage & l'impoſture.

Dans une de ces productions clandeſtines que la malignité accueille, que la baſſeſſe débite, & que tous les vices enſemble ont fabriquées, on a bien oſé imprimer que mon attachement à la Cauſe du Comte de Morangiés avoit ſa ſource dans la complicité du délit ; que je ne travaillois ſi vivement à effacer l'idée de ſon larcin, que parce qu'il avoit eu l'adreſſe de m'appeller à en partager le fruit, & que l'or des Verons étoit prodigué pour ſoudoyer l'Orateur mercenaire qui en nioit l'exiſtence (1). Toutes ces horreurs ſont non-ſeulement connues, non-ſeulement impunies, mais juſqu'ici elles ſont encouragées, récompenſées.

Et quelle eſt l'ame honnête qui pourroit réſiſter à de pareilles attaques ? Voilà donc au prix de quels affronts il eſt permis dans ces jours infortunés d'être véridique & vertueux.

On voit dans un Poëme célebre des Guerriers ſoutenus de leur ſeul courage & de l'amour du bien public, pénétrer dans une forêt enchantée, malgré les obſtacles ſans fin que la rage des

* Le Comte de Morangiés demande d'être admis à faire preuve de cette liaiſon, qui d'après les circonſtances & les concluſions, n'eſt aſſurément pas indifférente dans la Cauſe.

** La preuve de tous ces faits exiſte par écrit, & ſera faite quand les Juges voudront bien l'ordonner.

(1) Voyez à la fin de cet Ecrit à l'article 19 de courtes réflexions au ſujet de ce Libelle dont je parle ici.

enfers a multipliés fous leurs pas; ils ont à combattre des géans fu-
rieux & des monftres de toute efpece; ils font tantôt environnés
de flammes dévorantes qui menacent de les confumer, tantôt
plongés dans des ténebres épaiffes dont mille heurlemens augmen-
tent l'horreur, & qui paroiffent devoir pour toujours leur dérober
la lumiere. La Poëfie tolere à peine ces fictions que le feul délire
d'un génie exalté femble avoir pu créer. Les laiffera-t'on impunément fe réalifer dans une carriere qui devroit plus que toute
autre les exclure? Souffrira-t'on qu'il faille déformais plus d'hé-
roïfme pour les expéditions paifibles du Barreau, qu'on n'en a
jamais fuppofé dans les exploits fabuleux de la Chevalerie. Ne
fera-ce plus, comme les Tancredes & les Renauds, qu'à travers
une infinité de monftres agiffans & armés, que nous pourrons
voler au fecours de la Juftice qu'on viole, & de l'innocence que
l'on facrifie? Les Miniftres de l'une verront-ils fans intérêt outrager fous leurs yeux les vengeurs de l'autre, & ne fentiront-
ils pas que s'il pouvoit jamais être périlleux pour nous de la
défendre, il le feroit bientôt pour eux de la protéger?

Je ne vante point mon défintéreffement, c'eft la qualité ca-
ractériftique & inféparable de mon état; malheur à quiconque,
en exerçant cette profeffion fublime, a befoin de prouver qu'il
ne la fouille pas; ma juftification eft dans le cœur de tous ceux
qui m'ont honoré de leur confiance & qui ont réclamé mes fecours. Qu'il s'en préfente un, un feul qui puiffe dire que mon
zele ait fuivi les gradations de fa reconnoiffance, & je confens à
paffer pour le plus infâme des hommes. Mais enfin fi fur cet article, comme fur tous les autres, j'ai rempli dans toute leur
rigueur les devoirs que la délicateffe & l'honneur m'impofoient,
n'eft-il pas affreux qu'il n'y ait ni frein, ni châtiment pour les
calomniateurs qui ofent ainfi, contre le témoignage de leur
propre confcience, m'accufer d'avoir violé le plus facré de tous?

Ils ne tireront pourtant de ce dernier rafinement d'audace &
d'impofture que l'avantage momentané de m'avoir fait héfiter un
inftant. S'il étoit poffible que, d'après mon exemple, le Comte
de Morangiés trouvât un homme affez zélé, affez défintéreffé,
affez intrépide pour le défendre, comme il doit être défendu, je
me condamnerois fans balancer au filence; en remettant fur le
champ fa Caufe en d'autres mains, je prouverois affez que le motif

qui me l'a fait embraſſer ſi chaudement n'a rien d'ignominieux. Mais puiſque lui & moi nous ſommes privés de cette reſſource, puiſqu'il eſt perdu s'il ne ſe trouve un homme aſſez détaché de tout pour ſe dévouer à ſon ſalut, & que cet homme ne peut être que moi ſeul, eh bien! je me dévouerai. Je ſerai le Curtius qui fermerai, au riſque de tout ce qui peut en arriver, le gouffre d'iniquité dans lequel une famille reſpectable eſt près d'être engloutie.

Eſſayons pour la premiere fois de ma vie de montrer ce courage patient qui apprécie l'outrage & le dévore, cette fermeté concentrée qui ne connoît d'aviliſſement que celui du crime, & qui laiſſant à l'avenir le ſoin de ſa vengeance, ſait ne s'occuper dans le moment préſent que de ſa juſtification.

Après tout, c'eſt ici pour les honnêtes gens que j'écris; leur eſtime eſt l'unique récompenſe dont je ſois jaloux: elle ne garantit pas un homme, qui ſe borne à la mériter, d'être ſacrifié, je le ſais; mais à la longue elle dédommage, & dès les premiers inſtans elle conſole. Avec cette aſſurance, je n'envie à mes ennemis ni leurs protections, ni leurs ſuccès.

DISPOSITIF DE LA SENTENCE RENDUE AU BAILLIAGE du Palais.

I. NOUS, par délibération du Conſeil, vû les concluſions par écrit du Procureur du Roi, ſans nous arrêter ni avoir égard aux faits juſtificatifs articulés par Jean-François-Charles de Molette, Comte de Morangiés, que nous déclarons non pertinents & inadmiſſibles.

II. Faiſant droit ſur les differentes plaintes & accuſations renvoyées en ce Siége par les Arrêts de la Cour des 11 Avril 1772 & 15 Mars 1773, enſemble ſur les autres plaintes & accuſations du Procureur du Roi, déchargeons ledit Comte de Morangiés de l'accuſation en ſubornation de Témoins contre lui intentée; en conſéquence diſons que ſon écrou ſera rayé & biffé des regiſtres de la Conciergerie du Palais; à ce faire le Greffier des priſons contraint.

III. Déchargeons pareillement Pierre-Michel Menager, Louiſe-Antoinette Gerard ſa femme, Jacques-Catherine Menager fils, Margueritte Lequeſne, Marie-Jeanne de Perey, veuve de Jacques-François-Joſeph de Welz, Marie-Roſe Lacoſte, veuve d'André Petit, Marie-Margueritte Pommier, femme de Pierre Bapſt, Marie Vigier, femme de Pierre Durand, & Jeanne Pommier, veuve de Jacques-Pierre Blanchet, des accuſations contr'eux intentées; en conſéquence ordonnons que led. Pierre-Michel Menager, Lacoſte veuve Petit, Pommier femme Bapſt, Vigier femme Durand, & Pommier veuve Blanchet, ſeront mis en liberté des priſons où ils ſont détenus; à les laiſſer ſortir tous Greffiers & Geoliers contraints; quoi faifant déchargés; ordonnons que leurs écrous feront rayés & biffés des regiftres defdites prifons.

IV. Déclarons Marie-Jofephe Heriffé atteinte & convaincue d'avoir fait au Châtelet, le 13 Mars 1773, une déclaration contraire à fes dépofitions, récolemens & confrontations faits en ce Siége; & Nicolas Heriffé atteint & convaincu d'avoir follicité & provoqué ladite Heriffé fa fille à faire ladite déclaration: pour réparation de quoi les condamnons à être bannis de la Ville, Prevôté & Vicomté de Paris, pendant trois ans, lefquels, à l'égard de ladite Marie Jofephe Heriffé, ne commenceront à courir que du jour de fa fortie de l'Hôpital, où elle eft condamnée par Arrêt de la Cour à être renfermée; à eux enjoint de garder leur ban fous les peines portées par l'Ordonnance.

V. Déclarons ladite rétractation nulle.

VI. En ce qui concerne Jeanne-Anne Gigot, femme dudit Nicolas Heriffé, fur l'accufation contr'elle intentée, la mettons hors de Cour; ordonnons qu'elle fera mife en liberté des prifons où elle eft détenue, & que fon écrou fera rayé & biffe; à ce faire tous Greffiers & Geoliers contraints, quoi faifant déchargés.

VII. Déchargeons Pierre Gilbert de l'accufation contre lui intentée, ordonnons qu'il fera élargi & mis en liberté des prifons de la Conciergerie, fon écrou pareillement rayé & biffé. A ce faire tous Greffiers & Geoliers contraints.

VIII. Déchargeons pareillement Genevieve-Françoife Gaillard, femme de Nicolas Romain, & François Liégard Dujonquai des accufations contre eux intentées.

IX. Déclarons Jean-François Debruguieres atteint & convaincu d'avoir commis envers ladite femme Romain & ledit Dujonquai, les excès, violences & mauvais traitemens mentionnés au Procès; pour réparation de quoi ordonnons que ledit Debruguieres fera mandé en la Chambre du Confeil pour y être blâmé; lui faifons défenfes de récidiver & d'ufer à l'avenir de pareilles voies, fous peine de punition corporelle; le condamnons en 10 livres d'amende envers le Roi:

X. Déclarons pareillement Pierre Dupuis atteint & convaincu d'abus d'autorité dans l'exécution des ordres dont il étoit chargé, & de n'avoir pas empêché, comme il auroit dû faire, lefd. excès, violences & mauvais traitemens; pour réparation de quoi ordonnons qu'il fera mandé en lad. Chambre pour y être admonefté; le condamnons en 10 livres d'aumône applicable au pain des pauvres prifonniers de la Conciergerie du Palais: lui faifons défenfes de récidiver, fous telles peines qu'il appartiendra.

XI. Déclarons ledit Comte de Morangiés atteint & convaincu d'avoir dénié le prêt mentionné au Procès, & d'avoir autorifé, par fa préfence, lefdits excès, violences & mauvais traitemens, à l'effet d'extorquer de ladite femme Romain, & de Dujonquay, les déclarations contraires à la réalité du prêt, & de retirer les quatre billets par lui faits le 24 Septembre 1771; pour réparation de quoi ordonnons que ledit Comte de Morangiés fera mandé en ladite Chambre du Confeil pour y être admo-

8

nefté ; le condamnons en 10 livres d'aumône applicable au pain des pauvres prifonniers de la Conciergerie du Palais.

XII. Déclarons les déclarations du 30 Sept. 1771, fignées par la femme
Romain & Dujonquay, nulles & de nul effet, comme étant la fuite defdits
excès, violences & mauvais traitemens.

XIII. Recevons lad. femme Romain & led. Dujonquay, Parties intervenantes : Ayant aucunement égard à ladite intervention & demandes,
enfemble aux demandes dudit Gilbert : Condamnons le Comte de Morangiés, & par corps, à payer à ladite femme Romain & audit Dujonquay, ès noms & qualités qu'ils procèdent, la fomme de 299400 livres ;
faifant partie de 327000 contenues aux quatre billets dont eft queftion,
& aux intérêts de ladite fomme, à compter du 30 Septembre 1771, jour
de l'emprifonnement de ladite femme Romain & dudit Dujonquay.

XIV. Condamnons en outre ledit Comte de Morangiés en 20000 liv. de
dommages & intérêts envers la femme Romain & ledit fieur Dujonquay,
& en 3000 l. envers Gilbert, le tout par forme de réparations civiles.

XV. Condamnons led. Comte de Morangiés, Debruguieres & Dupuis,
folidairement, en 1500 livres de dommages & intérêts, auffi par forme
de réparations civiles envers ladite femme Romain & Dujonquay.

XVI. Permettons auxd. femme Romain, Dujonquay & Gilbert, de faire
écrouer & recommander ledit Comte de Morangiés & Debruguieres,
pour sûreté defdites condamnations.

XVII. Condamnons led. Comte de Morangiés envers la femme Romain,
Dujonquay & Gilbert, aux dépens réfervés par l'Arrêt du 11 Avril 1772.

XVIII. Condamnons led. Comte de Morangiés, Debruguieres & Dupuis, folidairement, en tous les dépens d'interventions & demandes
formées en ce Siége par ladite femme Romain, Dujonquay & Gilbert.

XIX. Ordonnons que les Mémoires imprimés du Comte de Morangiés
feront & demeureront fupprimés.

XX. Sur le furplus des plaintes & accufations du Procureur du Roi,
enfemble fur les autres demandes, fins & conclufions des Parties, les mettons hors de Cour.

XXI. Ordonnons que notre préfente Sentence fera imprimée, publiée
& affichée par tout où befoin fera.

XXII. Fait & donné en la Chambre du Confeil, par nous Marie-Nicolas
Pigeon, Avocat au Parlement, Confeiller du Roi, Lieutenant-Général
au Bailliage du Palais à Paris, Commiffaire de la Cour en cette partie,
affifté de Mes Ponce Bazin, Charles-François Bidault, Antoine-Étienne
Cothereau, Marie Carouge, Réné Gautier, & Charles-Simon Dinet, anciens Avocats au Parlement, le 28 Mai 1773. *Signé*, &c.

XXIII. Prononcé par nous Greffier en chef au Bailliage du Palais à
Paris à M. le Procureur du Roi, lequel a déclaré être Appellant *à minimâ*
de ladite Sentence, & a figné. *Signé*, PAILLARD.

Reprenons cet inconcevable prononcé article par article.

§. I.

§. I.

Sans nous arrêter ni avoir égard aux faits justificatifs articulés par Jean-François-Charles de Molette, Comte de Morangiés, que nous déclarons non pertinens & inadmissibles.

Voilà une décision tout à la fois bien légere & bien terrible. La Requête du Comte de Morangiés, qui contient les faits ainsi rejettés d'un mot, est très-volumineuse, & les faits très-nombreux. Pour les déclarer impertinens, il faut qu'ils soient tous étrangers à l'affaire ; pour les juger tous non-admissibles, il faut qu'ils soient tous contraires à l'Ordonnance : or ceux dont il est ici question ont-ils ces vices ? Non, assurément.

Ils sont tous tirés, comme les Loix l'exigent, de la procédure même : ce sont des nullités révoltantes dans l'instruction, ou des contradictions objectées aux témoins dans les confrontations, ou des éclaircissemens dont la preuve a été offerte de même dans ces scenes intéressantes.

Par exemple, le Comte a allégué les refus du Juge de faire aux témoins ou aux accusés des interpellations importantes. Plusieurs fois il a été requis de leur faire des demandes relatives au solliciteur Aubourg ; le Juge a gardé le silence, sous prétexte qu'Aubourg *n'étoit point Partie dans l'affaire, qu'il n'étoit ni accusé ni témoin* (1). Sommé de constater son refus, il l'a refusé encore, excepté une fois qu'il a été contraint par l'opiniâtreté dont le Comte n'auroit pas dû se départir dans les autres occasions ; mais cette fois est infiniment précieuse. Elle rend probable toutes les autres suppressions. Or j'ose ici demander au Lieutenant général du Bailliage quel en étoit le motif ; & à ses Assesseurs, s'ils ont jamais connu dans un Procès une nullité plus essentielle que celle-là, qu'ils ont cependant si lestement déclarée comme les autres faits justificatifs, *non pertinens & inadmissibles.*

Aubourg n'étoit point Partie dans l'affaire ! Quoi ? il a acheté

______

(1) J'ai plaidé hautement ce fait lors des Audiences qui ont précédé l'Arrêt du 15 Mars. Depuis ce moment, à la vérité, le Juge a cessé d'imposer silence aux Témoins sur le compte du formidable ou du bienfaisant Aubourg, mais aussi la premiere instruction étoit finie & la seconde a été faite avec tant de négligence ou plutôt tant d'envie de la rendre inutile, qu'elle n'a rien produit. J'en donnerai quelques détails à l'article de la rétractation de la fille Herissé.

le droit de la fuivre, & le rifque qu'il court de perdre fes avances eft compenfé par le prodigieux bénéfice qui lui eft affuré dans le cas de réuffite? Quand vous avez adjugé aux Dujonquay près de 350000 livres, vous n'avez pas pu ignorer qu'il lui en reviendroit au moins le tiers, puifque fon droit eft fondé fur un marché pardevant Notaires, infinué, & produit au Procès. Vous n'avez pas pu ignorer qu'il fourniffoit les témoins, qu'il les foudoyoit, qu'il les abreuvoit, qu'après les avoir accompagnés au caffé ou au cabaret fuivant la qualité des perfonnes, il les conduifoit publiquement jufqu'à la porte de la falle où ils devoient être entendus ; qu'il les recevoit à la fortie pour récompenfer leur zele avec la même mefure qui avoit fervi à le fortifier en entrant. J'ai plaidé ces faits publiquement, ils n'ont point été démentis, on en a offert la preuve : & Aubourg n'eft point Partie dans la Caufe ! le Comte de Morangiés offre de le prouver.

Il n'eft point accufé ! Et pourquoi ne l'eft-il pas ? Tout vous menoit à lui infliger ce titre. Acquéreur d'un droit plus que litigieux, folliciteur public de cet étonnant Procès, inftigateur effronté des témoins, qui fait ce qu'auroient produit les demandes embarraffantes qu'on leur auroit pu faire ? Qui fait ce que les remords ou l'imprudence leur auroient arraché d'aveux fur fon compte ? Nous avons la preuve par écrit * que, pendant l'inftruction, il envoyoit fouvent au Bailliage des préfens de pâtés qui y étoient reçus. N'auroit-on pas découvert d'autres infinuations de fa part?

S'il n'eft pas accufé, c'eft que vous n'avez pas voulu qu'il le fût ; c'eft que vous avez fermé les bouches qui l'alloient compromettre ; c'eft que vous avez éteint les lumieres qui auroient jetté un jour funefte fur fa complicité. S'il y a jamais eu un fait juftificatif effentiel & fondé, c'eft celui-là ; il néceffitoit feul un fupplément d'information ; & vous le déclarez impertinent & inadmiffible !

Le Comte de Morangiés a offert la preuve que le cocher Gilbert ne connoiffoit pas Dujonquay le jour où il prétend l'avoir aidé à compter fon or, qu'il ne l'avoit jamais vu à cette époque. Cette preuve eft déjà acquife par la procédure ; elle l'eft par l'aveu que Gilbert a lui-même fait à une femme, nommée Petit, chez elle, qu'elle *le feroit pendre, fi elle difoit la vérité* à ce fujet. Cinq témoins qui l'ont entendu en ont dépofé. Elle l'eft par le menfonge de la fervante des Verons, qui voulant favorifer Gilbert, a articulé qu'elle l'avoit vu venir chez fes maîtres plus de dix-huit mois avant le jour fatal de la numération des efpeces, tandis que Gilbert n'a jamais pu les voir qu'à Paris, & qu'à ce terme il n'y avoit pas dix-huit mois qu'elle y étoit. Ces démonftrations pouvoient devenir de plus en plus frappantes ; il falloit approfondir tous les détails qui en auroient augmenté la force : & c'eft l'offre de ces détails que vous déclarez *impertinente & inadmiffible* !

Des contradictions fans nombre font briller la vérité, même au milieu des efforts de l'impofture. Les témoins des Verons fe heurtent fans ceffe : la femme Romain nie hautement que le fameux tréfor foit provenu de ce fidéi-commis fi hardiment plaidé, fi audacieufement brodé d'anecdotes de toute efpece, deftinées à le rendre moins improbable Elle dit que fon Avocat *a eu tort d'avancer ce fait*. Elle, Dujonquay, fes filles, fe démentent tous dans les petites particularités du prêt.

On leur demande de qui Dujonquay a reçu *la clef* de l'arche où repofoient ces myftérieux cent mille écus, le jour que la révélation en a été faite ? Le fils prétend l'avoir reçue *de la main de fa mere* ; la mere foutient qu'elle n'a point fervi de canal à la tranfmiffion de la clef, mais que Dujonquay *l'a prife immédiatement de la main de fon aïeule*. Et enfin les petites-filles affirment, fous la foi du ferment, que la grand'mere n'a confié fa clef à perfonne, mais qu'*elle a elle-même ouvert l'armoire*.

L'aînée de ces petites-filles affirme de même, que fon aïeule étoit très-riche en pierreries, qu'elle les a vendues dans la petite ville de Vitry-le-François, à des Juifs forains, quarante mille francs juftes, afin de faire cent mille écus juftes auffi qu'elle pût envoyer à Paris fur le charriot d'un roulier. Elle donne fort au long l'énumération de ces bijoux : on y voit jufqu'à *des épingles de diamans*, invention récente qui n'a pas dix ans d'antiquité, & qui n'avoit probablement pas été adoptée par la Veron, dont les joyaux n'étoient pas modernes ; & de plus des *girandoles*, un *collier*, un *nœud fuperbe*, des *boucles*, des *jarretieres*, des *braffelets*, des *crochets pour le bas du corps*, des *aigrettes*, &c.

Leur mere interpellée de dire fi cette aïeule avoit toutes ces fuperfluités précieufes, déclare qu'elle n'avoit ni *girandoles*, ni *jarretieres*, ni *nœuds*, ni *boucles de fouliers*, ni *braffelets*, ni *cro-*

chets de corps ; que du moins, par rapport à ces trois dernieres efpeces, *elle ne croyoit pas que fa mere en eût, ou qu'ils fuffent de diamans fins.*

On ne peut pas raffembler ici toutes les contradictions de ce genre, qui font recueillies & détaillées dans la Requête. Ce font-là des faits juftificatifs, fi jamais il y en a eu, contre la réalité du prêt; & vous les déclarez *impertinens & inadmiffibles !*

On produit avec éclat contre le Comte la lettre d'une Courtiere nommée *Charmette*, aujourd'hui décédée, & fur la mort de laquelle on a bien eu l'indignité d'infinuer des foupçons, qui feuls font un véritable délit. Dans cette piece, datée du 25 Septembre, cette femme dit au Comte que le prêt a été *effectué*, mais que Dujonquay *le nie.* Elle femble même brouillée avec le jeune homme, contre lequel elle fait des menaces. On a tiré des conféquences à perte de vue de cette lettre, comme fi c'étoit un monument facré dont tous les mots fuffent autant d'oracles. On en a induit que le Comte de Morangiés avoit recommandé le fecret à fon Prêteur, fous prétexte d'empêcher que fes créanciers ne fuffent inftruits de fa nouvelle opulence ; & en effet, de peur que celui à qui il la devoit n'apprît le mauvais état de fes affaires, & ne refufât de fe deffaifir du tréfor.

Cependant, par la procédure, il eft conftant que le jour même de la remife des billets, Dujonquay *a diné* en très-bonne intelligence chez la *Charmette* ; que dans cet inftant il a publié hautement devant un des créanciers du Comte, nommé *Monvoifin*, & un des plus acharnés, que *le prêt venoit d'être confommé.*

Voilà une preuve bien claire que Dujonquay ne *nioit* pas d'avoir remis l'argent, comme la Charmette l'écrit, & que le fecret n'avoit pas été recommandé. Voilà une preuve bien fenfible que l'antre de cette Courtiere d'ufure eft le foyer où s'étoit formé le complot ; que le jour même de la remife des billets, le 24, on avoit commencé fur le champ à l'exécuter ; que la lettre du 25 en étoit une fuite ; que celle du 26, où Dujonquay donne au Comte des détails fur fes prétendus voyages, fur le port de fes efpeces, en étoit le développement ; & que bien loin de pouvoir nuire au Comte, ces monumens réunis, rapprochés des autres indices, ne pouvoient que manifefter de plus en plus fon innocence ; c'eft encore un des faits juftificatifs employés dans sa Requête ; & il est également *impertinent & inadmiffible* aux yeux des Juges !

Il faudroit la copier entiere, si je voulois rapporter toutes les démonstrations évidentes de ce genre , & de plus fortes encore, que le Bailliage a proscrites en une ligne, sans compter celles que le Juge n'a pas voulu laiffer inférer dans la procédure. La méthode est facile ; est-elle conforme à la Justice ? Il est permis d'en douter.

§. I I.

Faïfant droit, &c. déchargeons le Comte de Morangiés de l'accufation en fubornation de témoins contre lui intentée ; en conféquence difons que fon écrou fera rayé & biffé des regiftres de la Conciergerie du Palais.

Le voilà donc détruit ce fantôme de *fubornation,* ce prétendu délit , qui a seul fervi de prétexte à la captivité du Comte : le voilà détruit par l'aveu d'un Tribunal qu'on ne foupçonnera pas d'avoir été trop favorable à cet infortuné. Ce n'est pas un fimple hors de Cour qu'il prononce, c'est une décharge abfolue : donc il n'y avoit pas même de fondement à l'accufation ; donc le Comte est innocent & l'a toujours été.

Maintenant, que deviennent ces imputations affreufes , ces conféquences cruelles dont les Libelles & les Audiences ont été remplies à ce fujet ? Il est décrété , difoit-on ; donc il est convaincu ; donc tous fes témoins font fubornés. L'un de ces calomniateurs obfcurs, qui se font difputé l'honneur de prêter leur organe à l'impofture, écrivoit : *la face du coupable eft à découvert* * ; l'autre affirmoit que la fubornation *étoit prouvée , au moins par vingt - quatre témoins* *. On citoit déjà les Ordonnances qui prononcent la peine de mort contre la fubornation ; on rappelloit des Arrêts qui ont *condamné des corrupteurs de témoins à être décolés , attendu leur Nobleffe* *. On a même ofé dire en pleine Audience, & imprimé depuis, que le Comte de Morangiés devoit s'applaudir de ce que les charges ne feroient pas lues ; que les fouftraire au public c'étoit lui faire grace & le difpenfer de la néceffité de rougir.

Il y a plus : par une affectation bien liée avec la manœuvre qui l'avoit précédée , on n'a pas craint d'abufer de ce décret , fondé

* Petite brochure publiée fous le nom de *la Croix.*

* Libelle dont on a parlé ci-deffus & dont on parlera encore.

* *ibid.*

fur une calomnie que rien ne motivoit , pour faire entendre que le refte de la procédure le juftifioit. On a infinué que fi le Comte étoit prifonnier , c'étoit bien moins fur la feconde procédure que fur la premiere ; bien moins pour avoir acheté des dépofitions , que parce qu'il exiftoit au Procès des preuves évidentes qu'il avoit reçu les 100000 écus. De ceux qui ont entendu les Plaidoieries ou lu les Ecrits , il y en a plus de moitié peut-être qui ont été trompés par cette méprife concertée , par cette connexité maligne , établie entre deux objets abfolument diftincts ; & cependant , après tant d'éclat , après tant de cris , après tant d'invectives & de diffamations odieufes , fur une équivoque , voilà le Comte reconnu innocent & déchargé de l'accufation qui y a donné lieu ! A quelles triftes réflexions ne donne pas lieu cet enchaînement inoui d'incidens tous contradictoires & incroyables !

Qu'on me pardonne encore une réflexion bien effentielle. Le Comte eft en prifon , il n'y eft que fur le prétexte d'une accufation calomnieufe ; quand j'ai demandé fa liberté provifoire , l'inftruction entiere étoit faite contre lui ; elle étoit complette , même fur la feconde plainte. Il étoit impoffible d'acquérir de nouvelles preuves. Si les charges avoient été lues alors comme je le demandois , & comme les Loix l'exigeoient , le Tribunal fuprême , dont il imploroit le fecours , auroit dès-lors vu fa juftification , comme les premiers Juges l'ont vue depuis ; il auroit certainement obtenu fa liberté ; il feroit hors de la captivité humiliante & ruineufe où il languit depuis près de fix mois.

Non-feulement il eft encore dans les fers , mais , comme on le verra tout à l'heure , les Juges du Bailliage , forcés de lui ouvrir d'une main la porte de fa prifon , fe font hâtés , au mépris de toutes les Loix , de la lui fermer de l'autre. Nouveau Tantale , ils ont approché de fa bouche ce doux fruit de fon innocence , la liberté ; & dès qu'il a cru la faifir , ils ont autorifé les Dujonquay , les Gilbert à s'élever comme les Furies de la Fable pour la lui ravir. Y a-t-il jamais eu d'homme de l'exiftence duquel on fe foit joué avec autant d'indécence & de légereté ?

§. I I I.

Déchargeons pareillement Pierre-Michel Menager & fa femme, Menager fils , Marguerite Lequefne , la veuve Duvelz , la veuve

Petit, la femme Bapst, la femme Durand & la veuve Blanchet des accusations contre eux intentées.

Ces accusations, quelles sont-elles ? Nous l'ignorons. Le Juge qui les a accueillies, le Procureur du Roi qui les a formées seront tôt ou tard forcés d'en rendre compte, & l'on verra alors quel en étoit le fondement. Mais ce qui est clair dès-à-présent, c'est que ces malheureuses victimes de la prévention, ou de quelque autre principe plus honteux, n'étoient pas coupables.

Ces Juges-ci, qu'on ne soupçonnera pas d'avoir cru sans preuves à leur innocence, lui rendent l'hommage le plus éclatant. Cependant, des dépositions des uns, il résulte que le nommé Aubriot est un faux témoin convaincu. Celles des autres démontrent, avec évidence, ainsi que le reste de la procédure, que le Cocher Gilbert n'est pas moins criminel ; & Aubriot n'est point accusé ! A l'égard de Gilbert, on verra tout à l'heure avec quelle magnificence les Juges l'ont traité : ainsi, les fausses assertions de ces deux imposteurs sont récompensées. Il est vrai que celles qui les démentent ne sont pas punies. Mais on se contente d'absoudre ceux dont elles émanent. Le Juge du Bailliage auroit-il regardé comme un assez grand prix pour l'innocence de sortir sans flétrissure de dessous sa main ?

§. I V.

Déclarons Marie-Josephe Hérissé atteinte & convaincue d'avoir fait au Châtelet, le 13 Mars 1773, UNE DÉCLARATION CONTRAIRE A SES DÉPOSITION, récollement & confrontation faits en ce Siége ; & Nicolas Hérissé atteint & convaincu d'avoir SOLLICITÉ ET PROVOQUÉ ladite Hérissé sa fille à faire ladite déclaration ; pour réparation de quoi les condamnons à être bannis de la Ville, Prévôté & Vicomté de Paris pendant trois ans.

A combien de réflexions terribles donne lieu ce court passage !

1°. Voilà la rétractation de la fille Hérissé placée au rang des crimes. Dans le style de la procédure criminelle, qu'il n'est pas permis à des Juges d'ignorer ou d'employer au hasard, ces expressions, *atteint & convaincu*, ne s'appliquent qu'à des délits prouvés. Or observez qu'on ne dit pas ici que la rétractation soit fausse ou mendiée. Tout ce qu'elle a de répréhensible aux yeux des Juges, confifte en ce qu'elle eft *contraire aux dépofition ;* *récollement & confrontation* qui l'ont précédée. Mais ces dé-pofitions, &c. ne portoient que fur la prétendue fubornation ; elles ne contenoient donc que des calomnies, puifque le Comte n'en eft pas moins déchargé. La déclaration qui y eft contraire eft donc conforme à la vérité que les Juges ont été forcés de confa-crer. C'eft donc la rétractation en elle-même, indépendamment de fa nature, qu'ils ont entendu punir comme un délit. Or je le demande, quelle eft la Loi qui les y autorife? Je leur demande dans quel Code ils ont vu qu'un témoin, qui a eu le malheur d'outrager la vérité, ne devient coupable qu'à l'inftant où il a l'é-quité de la reconnoître ?

Quand les art. 11 & 21 du titre 15 de l'Ordonance Criminelle feroient en effet fufceptibles du fens impie, abominable, qu'on n'a pas frémi d'y chercher à l'Audience, il n'y a point d'efforts qui pût en déduire l'interprétation à jamais effrayante que préfente la Sen-tence. Si l'on peut penfer que le Légiflateur, afin de préferver les témoins de la tentation d'altérer la vérité dès le commence-ment, a voulu mettre des obftacles à leur retour, au moins n'eft-il pas permis de fuppofer qu'il ait eu intention de rendre ce re-tour impoffible. Il en réfulteroit donc qu'il faudroit, fuivant la Loi, dans ce cas, tout à la fois livrer au fuplice & l'innocent fauffement accufé, dont la juftification feroit certaine, & l'accu-fateur calomnieux qui auroit eu l'imprudence de céder à fes re-mords. Une pareille Jurifprudence pourroit être celle des efprits infernaux qui fe plaifent dans la deftruction des hommes & la multiplication des crimes. Elle ne fauroit être celle des ames honnêtes, des Légiflateurs fenfés, des peuples chez qui l'idée de la Juftice n'eft pas abfolument perdue. Le repentir d'un témoin, que fa confcience force à défavouer une impofture, ne peut donc jamais être un forfait ; & fur cet article, le prononcé de la Sen-tence en eft un.

2°. Si l'on vouloit abfolument punir la fille Hériffé, & obferver dans la rigueur le vœu de la Loi, il falloit la déclarer atteinte & convaincue d'avoir fait une dépofition, un récollement, une confrontation *fauffe*. On pouvoit rejetter fa rétractation, pourvu qu'on rendît une plainte nouvelle fur les dénonciations qu'elle renfermoit ; mais alors il auroit fallu approfondir les véritables

délits

délits que l'on ne vouloit point voir. Il auroit fallu impliquer dans la Procédure, & le Concierge Teffon, ami inféparable du Procureur du Roi, qui la dirigeoit, & le folliciteur Aubourg, que le Lieutenant Général garantiffoit, avec la plus tendre affection, des indices fans nombre qui s'élevoient contre lui. Il auroit fallu enfin fe livrer à des recherches qui auroient peut-être interrompu la procédure par la lumiere même qu'elles y auroient portée. On a trouvé bien plus fimple, bien plus court, de décharger le Comte de Morangiés, malgré les dépofitions, & de s'en tenir aux dépofitions, malgré la rétractation ; ce n'eft, il eft vrai, en apparence qu'une abfurdité, mais les circonftances rendent cette abfurdité atroce.

3°. Voici quelque chofe de bien plus inconcevable, c'eft la condamnation prononcée contre le malheureux Hériffé pere. Quel eft fon crime apparent ? De quoi eft-il déclaré atteint & convaincu ? *D'avoir provoqué fa fille à faire ladite déclaration.* Mais ou cette déclaration eft fauffe, ou elle eft vraie : fi elle eft fauffe, les dépofitions fubfiftent, le Comte de Morangiés ne devoit pas être déchargé : fi elle eft vraie, le pere Hériffé qui y a porté fa fille a fait un acte de vertu, il ne devoit pas être flétri.

Jamais les Juges ne fe tireront de-là. Si le Comte de Morangiés eft innocent, le pere Hériffé ne peut pas être criminel ; & fi le pere Hériffé eft criminel, le Comte de Morangiés ne peut pas être innocent.

Et depuis quand eft-il permis à des Juges de punir un pere, parce qu'il eft fenfible & vertueux ? Depuis quand eft-il défendu à ce pere qui voit fa fille victime & complice d'une impofture, de lui ordonner de la révéler ? Dans quel Tribunal, équitable du moins, ofera-t-on lui faire un crime d'avoir fait ufage du pouvoir que la Nature & les Loix lui donnent, pour ramener le remord dans le cœur de fon enfant, & la vérité fur fes levres ?

Auffi n'eft-ce pas là au fond le véritable attentat qui a excité contre Hériffé tant de févérité. Son délit réel, c'eft de n'en avoir pas voulu commettre ; c'eft d'avoir refufé de fe prêter à la paffion des Adverfaires du Comte de Morangiés ; c'eft de s'être obftiné à foutenir que la rétractation de fa fille n'étoit le fruit que du repentir & de la vérité. Si ce malheureux, dont il paroît que la mifere n'a point étouffé la délicateffe, avoit voulu dire un mot, il auroit à coup sûr été déclaré innocent comme Gilbert, & soudoyé peut-être comme Gilbert.

Ce mot, on le devinera sans peine, si l'on songe aux instances pressantes qui ont été faites à sa fille & à lui de déclarer que c'étoit le Défenseur du Comte de Morangiés qui les avoit dirigés, aux bruits sourdement répandus dans Paris, que la rétractation du 13 Mars n'étoit due qu'aux efforts du Défenseur du Comte de Morangiés, concertés avec M. le Lieutenant Criminel, à l'imputation consignée dans le libelle dont j'ai déjà parlé, que le Défenseur du Comte de Morangiés *fait semblant de ne pas connoître le pere Hérissé, & qu'il lui a composé un Placet pour intéresser en sa faveur la charité de M. l'Archevêque de Paris. . . . & que le Défenseur du Comte n'est sorti le jour de la rétractation du Cabinet Criminel du Châtelet, où la fille venoit de la dicter, que trois quarts d'heure après le départ de cette fille.*

Ces deux articulations seront comprises dans la Plainte qui va être rendue au Parlement contre ce Libelle. L'Auteur les prouvera, ou il sera puni, parce qu'enfin il est de l'honneur de la Justice & de l'intérêt commun de la Société que de semblables calomnies soient sévérement réprimées, sur-tout dans une affaire délicate, où la multiplicité des prévarications n'est pas sans doute un titre pour en espérer l'impunité. Si l'on avoit pu acquérir la moindre apparence de preuves, à l'appui de ces mensonges, avec quel transport ne les auroit-on pas accueillies, puisqu'on ne les en a pas moins hasardés, quoiqu'ils en soient destitués, & si faciles à confondre ? Et si le sort du Comte de Morangiés doit exciter la plus vive pitié dans tous les cœurs sensibles, qui d'entre eux verra sans indignation de quoi le mien a dépendu ?

§. V.

Déclarons ladite rétractation nulle.

Soit ; elle est nulle ; vous le croyez, vous le voulez, vous dites que c'est ce qui résulte de la lettre de la Loi ; j'y consens : mais les faits qu'elle contient ne le sont pas. L'Arrêt du 15 Mars a ordonné qu'ils seroient approfondis : elle vous a chargés de les instruire ! L'avez vous fait ?

D'abord il n'y avoit point de tems à perdre pour cette instruction ; le Jugement , venoit-on de dire à l'Audience , étoit tout prêt. Il devoit être rendu le jour même ou le lendemain , s'il ne l'étoit pas déjà. Si cet incident devoit le retarder , il falloit en accélérer l'inftruction afin de ne pas prolonger une captivité injufte , ou de ne pas différer une condamnation équitable. Cependant vous avez paffé onze jours entiers fans daigner même vous en occuper.

Quand il s'eft agi d'inculper le Comte de Morangiés , de le décréter , de l'emprifonner , la procédure a volé avec une rapidité inconcevable ; la plainte eft du 9 Février , fon écrou eft du 11. En deux jours les témoins ont été affignés , entendus , récollés , les conclufions données , le décret lâché & exécuté : voilà bien de la diligence !

Quand il s'agit de le juftifier , on eft onze jours entiers avant que de fe réfoudre à fe mettre en marche. Ce n'eft qu'après cet intervalle que la fille Hériffé eft entendue pour la premiere fois fur fa rétractation , & au bout de fix femaines ; il n'y a pas même encore de Plainte rendue fur fa dénonciation : voilà bien de la lenteur !

Cependant rien n'étoit fi férieux que ce qu'elle difoit. Elle inculpoit Gilbert , le Concierge Teffon , & un Marquis déguifé, mais dont le mafque peu épais n'empêchoit pas d'appercevoir le vifage d'Aubourg ; elle indiquoit des témoins , la prifon en regorgeoit. La mere demandoit à grand cris d'être entendue auffi ; pour réponfe , on n'entend point la mere. On la plonge dans le fecret le plus impénétrable ; on arrête fon pere à l'inftant où il apporte à fa malheureufe femme un peu de foupe , obtenue par charité ; on les prive tous deux de ce léger fecours , précieux à leur mifere : on féqueftre également le mari de la fociété.

D'efpace en efpace , on fait quelquefois reparoître la fille ; on l'intimide , on lui montre le gibet pour prix de fa fermeté ; on lui arrache chaque jour quelque défaveu de quelque portion de fa rétractation.

Inftruits de cette étrange maniere d'inftruire un Procès criminel , nous défignons des témoins ; on rit de nos inftances : nous fommons le Miniftere public de s'y rendre ; on brave les fommations ; enfin elles ont été réitérées jufqu'à quatre fois ; elles exiftent , elles font au Procès. Je demande aux Juges du Bailliage , à ces Juges qui déclarent la rétractation nulle , fi ces témoins qui devoient la juftifier ont été entendus ; & s'ils ne l'ont pas été, je leur demande ce qu'ils veulent qu'on penfe de leur conduite & de leur Sentence ?

§. V I.

Et en ce qui concerne Jeanne-Anne Gigot , femme dudit Nicolas Hériffé, fur l'accufation contre elle intentée , la mettons hors de Cour.

Je ne m'arrêterai point à chercher par quelle raifon fecrete cette femme n'eft ni punie ni abfoute, & pourquoi n'ayant fait ni plus ni moins que les autres, elle n'a eu part ni à l'indulgence, ni à la févérité des Juges ; je me contenterai de citer ici trois lettres qui m'ont été écrites par elle, & qui feront jointes à la procédure.

MONSIEUR.

Sans avoir lhonneur detre connut de vous je fuis la malheureuffe femme Heriffez qui prend la libertez de vous ecrire pour vous faire part de mon furcroit de malheure. Mon mari venent hyer comme a lhordinaire pour me voire lon la fait refter & monter a linterrogation dela au fecret. que veulent til titer de lui un homme qui ne fe melle jamais de rien etent infirme unne maifon à l'abandon unne petite fille de quinfe an abandonné de tout fan pere ni mere en aprentiflage de qui nous paions toute les femaine fa nourriture. Ne nous voiant plus lon vas la renvoyer que deviendra tel ou ira tel. Je fuis dans la plus extreme douleur. Unne de perdut lautre abandonnée. quand jay parut devent Monfieur le lieutenent général ils ma promit *de me faire beaucoup de bien ou beaucoup de mal fi je diffoit la veritez.* Lon ma mis dans unne tour ou lon ne voit ni ciel ni terre pendent quatre jours & quatre nuit je me recommende a vous Monfieur pour avoir petier de notre malheureux fort je nay point monter depuis la premiere femaine de carefme par ce que lon eft prevenut de ce que je doit dire naient dit ce que jay dit qua la grande folicitation de ma fille. Pour tacher pour eviter un malheure pareille à celui quel a fubit cela fera la cauffe de ma mort. Je finit avec un deffefpoir extreme. Votre tres humble femme HERISSEZ.

Quoy Monfieur eft tils poffible que je foit toujours dans unne peinne ausfi affrufe comme cel ou je fuis témoint de cel de mon mary qui me perce le cœur de voire un pauvre homme que lon fait monter lier & garoter comme un criminelle par les confeille de la Petit qui lattiroit chez elle & qui luy diffoit quel fçavoit tout les jours tout ce qui fe paffoit

à la conciergerie qui à etez trouver ma fille au chatelet & qui la confeiller de parler comme elle fait que demande ton a un homme qui ne
ceft jamais meller de rien & qui depuis quatre an quil a cette malheureufe maladie na plus fa tefte a lui *ce que jay dit je lavoit dit pour fauver
la reputation de ma fille ainfi que la mienne mais parce que lon eft prevenut que je veut prefentement dire la veritez lon ma abandonnez* jay
beau faire fcavoir que je veut monter lon ne mecoutte pas. Puifque je
veut faire un acquit de ma conffience que ne me le permeft ton. ainfi
Monfieur je vous regarde comme un quelqun qui doit foutenir les malheureux avec juftice & equitter je vous prie Monfieur tirer nous de
lenfer ou nous fommes nous ne cefferont de pryer Dieu pour vous que
nous puiffions mener cette petite qui nous refte avec tout les foint poffible ainfi que jay toujours fait à lautre mais le Dieu tout puiffant permettra peut etre quel en faffe un meilleure profit faites pour nous Monfieur ce que vous feriez pour quelqun qui vous toucheroit & Dieu vous
recompenfera. je vous prie de me faire fcavoir mon fort ou bien toute
ma crainte eft que le deffefpoir ne fempart de moi de me voire confon-
dut comme je fuis apres navoir connut que tout gens de probitter. je
vous demande en grafcé Monfieur de ne point faire fcavoir que je prend
la libertez de vous ecrire car lon me feroit beaucoup de peine. la Petit
eft au petit chatelet par decret lon dit quils font emfemble avec ma
fille ainfi elle tachera de nous perdre fils elle peut mais jefpere que la
veritez fera plus forte que le menfonge ceft la Petit qui a fait arrêter
mon mary cette malheureuffe qui nous a deffobligation infinit je finit
le viffage baigner de larmes & fuis Monfieur votre tres humble fervente
ayez pitié de nous je vous en fuplie
femmme HÉRISSÉZ.

Pardonnez fil vous plait au ftile de ma lettre car mon efprit eft troubler.
Ce 4 Avril 1773.

Pardon Monfieur fi je prend la libertez de vous ecrire pour cette fois
pour vous prouver le plaifir que jauray de pouvoir dire la veritez fan
crainte puifque jay desja lhonneur de vous marquer que je vouloit la
dire que *ce que javoit dit les premiere fois netoit que parce que lon
avoit promit a ma fille la libertez & vingt - cinq louis a moi meme.* M.
Pigeon la premiere fois que jay parut devent lui ma prevenut quils etoit
pour me faire bien du bien ou bien du mal dans cette affaire. Jay bien com-
prit que cetoit de ma fille quil me vouloit parler & comme jauroit fa-
criffier jufqua la derniere goutte de mon fang pour eviter un malheure
pareille ayant toujours vecut avec probiter *cela ma fait dire ce que mon
cœur dementoit ma bouche.* & enfin toutes les peines les fecret la toure
ou a été mis . . . . . . ma fait dire mon tant effreyer & faicit dune fi
grande force puifque. quand lon men a retirer je navoit plus de connoif-
fence mon fait dire tout ce que lon a voulut quand M. Pigeon a fcut que
je me plaignoit que lon ne me faiffoit point monter & que je vouloit
dire la veritez ils ma fait monter *a commencer par me faire des menafce af-*

freuffe quil maloit faire transferer au petit chatelet avec deux gardes &
que jaloit voire comme jaloit etre arranger. ils ne ma point manquer
de parolle *jy ay etez cinquente deux jours au pain & a leau fans parler
a perfonne* ci ce neft au guichetier qui maportoit ce que je leur demandoit pour mon argent quil ma fait menger la cetoit le fept avril & ils
ma fait revenir le feize ou jay fait encorre la meme dépofition. Ils eft
aifler de le voire *ou ils ma traiter comme unne mifferable & que je netoit
point encore de fitot or de mes peine & qu'ils mauroit garder a linffirmerie de la
conciergeries mais que puifque jetoit obftiner a continuer a vouloir dire diffe-
rament de mes premiere depoffition quil continuroit auffi a me faire le plus de
peine quil pouroit* jay eut beau lui repreffenter letat ou jetoit que je faiffoit
pitier jufquau concierge meme que javoit la fievre tout les jours cela
ne la point toucher & que cetoit bien la veritez que je diffoit dans ceft
deux derniere ils ma dit quil fcavoit que cela netoit point vrai & quils
fcavoit que javoit recut de largent de Monfieur le Compte de Morengiés.
Je luy ay bien foutenut que cela netoit point vray & ils eft vray que je
nen ay jamais recut oui jay fait acroire a ma fille quil men avoit donner
mais cela eft faut cetoit de la marchandife que javoit que jay vendut &
ce que mon mary me donnoit qui mon fait fournir a ma fille & a moi
meme largent que jay citer mais pourquoi que cette derniere fois cy
quand lon mes venut chercher au petit chatelet avent que de me faire
monter devent ceft meffieurs lhuiffier meft venu chercher enbas & ma
dit que *fi je diffoit comme javoit fait ci devent que je ne feroit plus de fecret &
que jauroit linfirmerie* comme je ne pouvoit plus me foutenir & que je
perdoit la tefte *jay dit ce quils en voulut* mais je fen ma confcience qui
me reproche fen ceffe je ne veut point damner mon ame ni mon corps
que lon me faffe ce que l'on voudra je me foumeft au jugement equi-
table que jattend & que la Cour voudra bien pardonner a un efprit auffi
fatiguer que le mien de meme que mon temperament & vous Monfieur
que vous voudrez bien avoir pitier de moi & prendre mes interet de
meme que vous avez fait pour les autres. Mais pourquoi que dans mes
depofitions que jay fait avent que detre empriffoner non toujours etez
quau fujet de Gilbert de tout ce que jen connoiffoit & que *depuis que M.
Pigeon na jamais voulut que jen reparle* & que quand cela venoit a propos
M. Pigeon me diffoit toujours *cela neft point neceffaire* parce que je vouloit toujours lui prouver quils ni avoit perfonne qui puiffe mieux prouver que moi quils navoit *jamais connut les Dujonquay* oui jay toujours
entendut dire dans la priffon que cetoit Gilbert qui avoit folliciter ma
fille a demander a monter au Baillage & a dire tout ce quel a dit & quel
auroit fa libertez & vingt cinq louis puifquel mel lavoit marquer par unne
lettre avent que je fut arreter je finit je voudroit bien auoir l'honneur de
vous en dire davantage mais la fatigue de mon efprit m'en empêche Votre
tres humble femme HERISSEZ.

Il eft probable que fi ces trois lettres avoient été produites
plutôt, le fort de celle qui les a écrites auroit changé. Le Baillage

auroit pu ne pas la juger fi doucement. S'il a regardé & puni comme un crime une rétractation qui n'alloit qu'à la décharge du Comte, comment auroit-il traité une dénonciation qui va fi directement à la charge du Juge? Quand l'inftruction nouvelle, l'addition d'information que le Parlement d'après ceci, & bien d'autres indices, ne peut fe difpenfer d'ordonner, auront été faites, on verra fi la prife à Partie eft fondée ou non.

§ V I I.

Déchargeons Pierre Gilbert de l'accufation contre lui intentée, ordonnons qu'il fera élargi.

§. X I V. *Condamnons en outre le Comte de Morangiés en 3000 livres de dommages-intérêts envers ledit Gilbert par forme de réparation civile.*

Cet article n'eft pas le plus révoltant de la Sentence; mais c'eft le plus inconcevable. Gilbert eft chargé par une foule de témoins. Six entr'autres dont deux militaires en grade, l'ont entendu dire à une Courtiere nommée Petit *qu'elle le feroit pendre fielle difoit la vérité fur l'époque de fa connoiffance avec Dujonquay,* & tous les faits de fa dépofition. Si cette femme a adouci l'accufation portée contre lui, il eft prouvé au procès qu'il a acheté fon filence : mais affurément il n'a point prouvé qu'il n'ait point dit ce que les autres témoins déclarent lui avoir entendu dire. Il eft convenu qu'il s'eft trouvé le jour & au moment défigné dans la chambre indiquée. Quand il y auroit, comme on a prétendu, quelques différences entre quelques particularités indifférentes des dépofitions, le fait effentiel de l'aveu forti de fa bouche n'en eft pas moins conftant. S'il n'y avoit pas de quoi le condamner à une peine capitale, au moins avouera-t-on qu'une charge ainfi juftifiée peut difficilement motiver une abfolution.

Cependant, non-feulement on l'abfout, mais on lui accorde des dommages-intérêts, & cela *par forme de réparation civile*; qu'on prenne garde à ces termes. Il femble que les Juges aient choifi tous ceux qui pouvoient compromettre leur Jugement. La réparation civile fuppofe quelque chofe de criminel de la part de celui contre qui elle eft prononcée. Or ici quel crime peut-il y avoir ? Ce ne feroit que la fubornation envers Gilbert ; mais eft-ce le Comte de Morangiés qui en feroit coupable ? Non. Il en eft déchargé. Sont-ce les témoins ? Pas davantage. Ils font déchargés auſſi. Quel eſt donc le motif de la reparation civile ? Les Juges ſe ſeroient-ils trompés , & cette grace de leur part ſe ſeroit-elle trouvée par la mépriſe du rédacteur appliquée à Gilbert , tandis que dans leur intention c'étoit contre lui qu'elle devoit être prononcée ? Il n'y auroit pas du moins d'autre moyen pour excuſer une inconſéquence de cette nature.

Il y a plus ; ce ne font pas ſeulement la juſtice & la raiſon qui ſe trouvent violées par cette étonnante diſpoſition ; la forme même que les Juges auroient au moins dû reſpecter eſt également bleſſée. Il n'y a que l'accuſateur ou le dénonciateur contre lequel on puiſſe prononcer une ſemblable peine. Or ici le Comte de Morangiés n'étoit point Accuſateur ; rien ne prouvoit aux Juges qu'il fût dénonciateur ; c'eſt à la Requête du Procureur du Roi ſeul que Gilbert a été décreté. S'il avoit pris cet Officier à partie, comme le fera le Comte de Morangiés , s'il l'avoit forcé à nommer ſon dénonciateur ; que ſur cette nomination juridique le Comte eût été mis en cauſe , la réparation Civile prononcée contre lui auroit été conforme aux regles, quoique contraire à l'équité ; mais condamner le Comte , lorſque c'eſt le Procureur du Roi ſeul qui paroît & qui agit ; punir le Comte ſans ſavoir s'il a ſeulement eu la moindre part à la démarche du Procureur du Roi , c'eſt trop manifeſter qu'on vouloit abſolument le perdre ; c'eſt trop indiquer que les Juges ont été au-devant de ce qu'on ne voyoit pas ; & qu'en agitant ſans ordre la terrible balance qui leur a été confiée, leur unique attention a été d'appeſantir le côté du Comte, comme d'alléger celui de ſes Adverſaires.

Et qu'on me permette ici une réflexion qui ſe préſente d'elle-même. Il eſt bien malheureux pour Aubriot de n'avoir pas été décrété auſſi. Il a été chargé comme Gilbert par des témoins irréprochables & conſtans. Il a été convaincu , comme Gilbert , par ſes propres aveux. Les témoins qui l'ont confondu ont, comme ceux qui ont démaſqué Gilbert, eſſuyé de la part du Juge un traitement tout différent. En diſant la même choſe , les uns ont été précipités dans les cachots , les autres ont conſervé leur liberté. S'il avoit eu , comme Gilbert, le bonheur d'être décreté & appellé dans une priſon , que la complicité du Concierge auroit
adoucie

adoucie pour lui comme pour Gilbert, qui doute qu’il n’eût obtenu, comme Gilbert , des dommages-intérêts ? Il a l’honneur d’être Commis aux Aydes ; dans l’ordre social un garde des Fermes est quelque chose de plus qu’un cocher sans condition. Celui-ci ayant reçu de la munificence de ses Juges mille écus de dommages-intérêts , leur générosité auroit au moins doublé le salaire de l’autre. Il est facheux que cette idée ne lui soit pas venue plutôt , & que des égards poussés trop loin dans le principe l’aient privé en définitif d’une aubaine si douce.

§. V I I I.

Déchargeons pareillement Françoise-Genevieve Gaillard , & François-Liegard Dujonquai , des accusations contre eux intentées.

§. XIV. *Condamnons le Comte de Morangiés en 20000 livres de dommages - intérêts envers la femme Romain & Dujonquai.*

§. XV. *Condamnons ledit Comte de Morangiés , Debruguieres & Dupuis solidairement en 1500 livres de dommages-intérêts , aussi par forme de réparation civile envers lesdits.....*

Il étoit difficile que l’absolution des complices & les largesses à eux prodiguées, ne s’étendissent pas jusqu’aux auteurs de la manœuvre. Le tems révelera sans doute comment étoient tournées ces accusations dont on les décharge , & qui n’ont motivé contr’eux qu’une procédure si bénigne ; mais il est bon d’observer dès-à-présent, que le solliciteur Aubourg , plus adroit ou plus heureux que le faux témoin Aubriot, sans avoir eu part au martyre de ses associés, a trouvé moyen de s’en assurer une considérable à leur bénéfice : s’étant fait donner dans son marché avec eux le tiers de tout ce qui pouvoit leur revenir , tant du capital que des dommages-intérêts , il se trouve par l’attention bienfaisante des Juges avoir droit juste à 106966 livres 13 sols 4 deniers, non compris sa part dans les intérêts accordés par la Sentence comme on le verra tout-à-l’heure , & 15000 livres par une espèce de préciput que la veuve Veron lui assure dans le marché originaire, pour l’indemnifer de toutes les avances que pourra lui occasionner ce procès. Quel beau rêve pour lui ! Se flatte-t-il sérieusement de le voir se réaliser ? Non , il n’a pas si mauvaise idée de la Justice.

D

§. I X.

Déclarons Jean-François Debruguieres , atteint & convaincu d'avoir commis envers ladite femme Romain & ledit Dujonquai les excès , violences & mauvais traitemens mentionnés au procès ; pour réparation de quoi , ordonnons que ledit Debruguieres sera mandé en la Chambre pour y être blâmé , lui faisons défenses de récidiver & d'user à l'avenir de pareilles voies , sous peine de punition corporelle ; le condamnons en 10 livres d'amende envers le Roi.

Le sieur Debruguieres s'est justifié lui-même par un Mémoire plein de solidité, auquel les Verons se sont bien gardés de répondre ; ils ont senti qu'il leur seroit plus aisé d'obtenir une Sentence du Baillage, que de présenter des raisons capables de la justifier ; ils ont gardé le silence, & l'événement a prouvé qu'ils étoient bien conseillés ; mais nous ne sommes plus au Bailliage. Il faut espérer que la justification du sieur Debruguieres produira enfin ici son effet.

Le Comte de Morangiés n'a point d'intérêt à s'en charger ; mais puisqu'ils sont tous deux réciproquement victimes des intérêts de leurs ennemis, puisque le sieur Debruguieres n'est sacrifié que parce qu'on avoit besoin de sa perte pour assurer celle du Comte de Morangiés ; puisque le Comte de Morangiés n'est condamné que sur le prétexte du délit imputé au sieur Debruguieres, leur Cause devient commune, ainsi que leur innocence, & leurs moyens sont inséparables. Disons donc encore un mot pour la défense de cet infortuné, dont tout le crime est d'avoir été associé à un ministere délicat, & de n'avoir pas prévu combien le crime pouvoit trouver de ressource dans l'abus des formes judiciaires ; esquissons quelques-unes des réflexions que présente cet article.

1°. Si le sieur Debruguieres étoit réellement coupable, ce ne seroit que comme complice du Comte de Morangiés ; l'un se seroit prêté aux vues de l'autre, & l'Agent de la Police n'auroit été que celui de l'Officier Général. Or par quelle étrange singularité l'instrument est-il ici traité plus sévérement que le moteur ? Si la Sentence du Bailliage subsistoit, le Comte de Morangiés, comme on le verra, ne seroit qu'admonesté , & le sieur Debruguieres feroit blâmé ; d'où vient la différence, eft-elle ici en raifon inverfe de ce qu'elle devroit être ?

2°. La même abfurdité relative qui fe trouve ici dans la gradation des peines n'exifte pas moins effentiellement dans leur diftribution individuelle. De quoi le fieur Debruguieres eft-il déclaré atteint & convaincu ? Des violences & mauvais traitemens mentionnés au procès ; il femble qu'il auroit fallu fur le champ en énoncer l'objet. Un homme ne fe porte point à de femblables excès fans raifon ; ces raifons, dans un cas comme celui-ci, décidoient l'idée qu'on devoit avoir de l'action, & la rendoient ou fufpecte, ou excufable. Dès qu'on puniffoit le fieur Debruguieres, c'étoit en prononçant fon châtiment qu'il falloit fpécifier en quoi fon intention avoit été criminelle ; il falloit dire qu'il étoit atteint & convaincu, non-feulement d'avoir commis les violences, mais d'avoir eu, en les commettant, un deffein formé d'arracher les célebres déclarations du 30 Septembre. On ne peut pas lui imputer d'autre délit.

Il eft vrai qu'alors la difproportion de la peine, rapprochée de l'énormité du crime, feroit devenue plus frappante. Le fieur Debruguieres étant déclaré convaincu d'avoir forcé, par des menaces, des coups, &, pour parler la langue de nos Adverfaires, par une continuité de tortures, des Citoyens fans appui de figner leur ruine & leur deshonneur, d'avoir contraint des innocens à s'avouer coupables, de leur avoir enlevé toute leur fortune pour l'affurer à un fcélérat titré, & mériter la reconnoiffance de l'un en écrafant les autres à fes pieds ; on n'auroit pas vu fans furprife & fans indignation un pareil homme condamné à un fimple blâme : on fe feroit récrié à haute voix contre une indulgence meurtriere qui auroit livré déformais l'exiftence de tous les Citoyens à la perverfité de toute ame capable d'être plus flattée de la récompenfe attachée à de pareils excès, qu'intimidée d'une punition propre à être envifagée comme une grace.

D'un autre côté, d'après la procédure même, dans l'impoffibilité d'y impliquer Mᵉ le Chauve & Mᵉ Chenon, garans de l'innocence des Agens de la Police en ce fait, ou complices de leur malverfation, il n'y auroit pas eu moins de contradiction & d'abfurdité à prononcer un Jugement rigoureux contre le fieur Debruguieres feul.

Qu'ont donc fait les Juges ? Ils ont adroitement féparé la

peine & le crime; ils ont ici condamné le sieur Debruguieres pour des violences isolées; ils ne lui reprochent point d'intention repréhensible, mais seulement un emportement indiscret; par-là, ils semblent autorisés à mitiger le châtiment; ils ne rappelleront le délit que trois articles plus bas, quand ils auront terminé tout ce qui concerne la punition, & qu'il ne s'agira plus que de prononcer sur la validité des déclarations, d'exterminer ces pieces inanimées, dont le silence même est cependant si redoutable. Dans le reste, on peut accuser les Juges d'avoir fait peu d'usage de leur raison, mais ici on ne leur reprochera que d'en avoir abusé.

3°. Non-seulement ce manege prouve assez qu'à leurs yeux mêmes les prétendues violences du sieur Debruguieres n'avoient rien de criminel, mais ne démontre-t-il pas que la procédure n'en porte aucun indice ? Les Juges supérieurs la verront, & ils apprécieront les conséquences qui en résultent; ils peseront au poids de l'équité les circonstances où se trouvoit le sieur Debruguieres, les particularités qui ont accompagné & motivé ses prétendus transports, les réponses, les réticences des Dujonquay chez Me le Chauve, les dépositions de cet Officier, celles de ses Clercs, du Commis du sieur Dupuis, du sieur Dupuis lui-même, du Commissaire Chenon ; ils verront si ces mauvais traitemens, qui ont acquis long-tems après leur époque une consistance si terrible, ne sont pas un de ces fantômes qu'il faudra s'attendre à voir renaître dans tous les procès de la même nature, si l'on paroît en faire cas dans celui-ci ; ils verront si l'ardeur du sieur Debruguieres n'étoit pas justifiée par tout ce qu'il avoit vu, par tout ce qu'il voyoit, & si en la supposant indiscrete, cette indiscrétion ne partoit pas plutôt d'un vif desir de manifester la vérité, que d'une envie honteuse de l'étouffer.

Qu'on imagine un homme jeune, sensible, d'un caractere impétueux & honnête, sortant du Service après la réforme de la paix, aspirant à une place où la délicatesse du Magistrat qui préside à la Police, ainsi que son amour pour le bien public, n'admet que des hommes éprouvés du côté du zele & de la probité ; il est chargé de faire des informations sur les facultés d'une famille obscure, dont toute la distinction est d'être inscrite sur les registres d'une prêteuse sur gages, comme ayant concouru activement & passivement à lui donner des ocasions d'exercer son vil métier.

D'une part, cette famille prétend avoir prêté en une fois cent mille écus, fur de fimples billets, à un homme d'un nom illuftre, honoré d'un grade éminent: de l'autre, celui-ci fe pourvoit contre ce prétendu prêt, & fe plaint qu'on lui en a frauduleufement furpris les titres.

L'Infpecteur chargé d'approfondir les plaintes refpectives, introduit dans l'habitation des prêteurs, n'y voit que des indices de mifere & d'embarras. Il eft témoin de leurs réponfes contradictoires, abfurdes, chez l'Officier à qui le foin préliminaire de les examiner eft confié. Il les entend parler d'un tréfor de cent mille écus enfoui pendant trente ans, & dont l'origine eft auffi myftérieufe que la découverte ; d'un tréfor clandeftinement fouftrait à la fucceffion d'un homme mort infolvable, clandeftinement recelé dans l'étude d'un Notaire mort depuis long-tems ; clandeftinement promené d'un troifieme étage de la rue Saint-Jacques à Vitry - le - François, où il n'a garanti fes poffeffeurs d'aucun des inconvéniens, ni même des foupçons attachés à l'indigence ; clandeftinement diminué par des dépenfes journalieres qu'une économie ftupide prenoit fur le fonds ; clandeftinement renflé par la vente inconnue d'une infinité de diamans inconnus auffi, faite dans une petite ville à des Juifs forains, dont il eft également impoffible de retrouver la trace ; clandeftinement ramené de la Champagne fur une charrette avec du foin & de la batterie de cuifine ; non moins clandeftinement remonté à un autre troifieme étage, encore dans la rue S. Jacques, & enfin tranféré toujours avec le même fecret, fans que perfonne s'en foit apperçu (1), par le propriétaire feul, à pied, en treize voyages, auprès des Carmelites, & là échangé fans examen contre quatre billets qui ne produifoient pas même d'hypotheque.

Il combine ce fyftême extravagant avec la déclaration nette, ferme & précife du Maréchal de Camp. Celui-ci dit : je fuis obéré par une malheureufe facilité. J'ai eu par un autre malheur celle de chercher des reffources dans les fecours ruineux des ufuriers. Une Courtiere de ce vil agiotage m'a fait connoître le le jeune homme & la femme que voici. Ils fe font donnés à moi comme des agens zelés, qui prêtoient leur miniftere à ces négociations ruineufes, que l'avarice & le befoin d'argent rendent fi communes aujourd'hui dans Paris. Ils ont exigé que je leur confiaffe des billets pour me chercher des efpèces. Afin de motiver ma confiance, ils m'ont remis comptant une fomme de 1200 livres

* Chez Me Lechauve, Dujonquay ni fa mere n'ont pas dit un mot de la rencontre de Gilbert, d'Aubriot, de la Tourtera.

en attendant les 300,000 l. qu'ils devoient me procurer. A peine nantis de mon papier qu'il n'avoient reçu que pour un prêt projetté, ils ont trouvé commode de le donner comme la preuve d'un prêt consommé. Ils croient trouver dans cet abus de confiance un moyen abrégé de faire une fortune rapide. Vous, Miniſtres de la Police, qui découvrez & prévenez tous les jours des eſcroqueries de cette eſpece, garantiſſez-moi de celle-là: c'eſt votre devoir & l'intérêt commun de la ſociété.

Je demande quel eſt l'homme honnête qui dans ce moment, abſtraction faite du fond & de tout ce qui a pu être découvert depuis, auroit pu balancer entre le Comte de Morangiés & ſes Adverſaires ; je demande qui n'auroit pas imité le ſieur Debruguieres ?

Que dans ce moment, d'après ce préjugé, ſi l'on veut, dont tout faiſoit une vérité pour lui, les deux perſonnages convaincus à ſes yeux s'obſtinent à nier un fait qui paroît prouvé ; qu'ils s'opiniâtrent ſans moyens à ſoutenir une eſcroquerie qui ſemble démontrée ; qu'en ſe coupant dans leurs réponſes, en ſe démentant à chaque mot, ils laiſſent cependant entrevoir une détermination invincible à s'approprier des billets dont on doit croire qu'ils n'ont ni fourni ni pu fournir la valeur, ſera-t-il étonnant que l'homme honnête & ardent que j'ai dépeint s'indigne; que ſon zele ſe révolte contre cette audace ; qu'il annonce combien il en eſt peu la dupe; qu'il lui échappe quelques termes énergiques par leſquels il l'apprécie ; qu'en voyant ces deux coupables eſſayer de s'approcher pour ſe concerter ſur les queſtions embarraſſantes qu'ils eſſuient, il les écarte , qu'il les ſépare ſans s'aſtreindre aux ménagemens que la politeſſe preſcrit dans les occaſions ordinaires : [& voilà à quoi, d'après la procédure même, ſe réduiſent les prétendues violences] qui oſera lui en faire un crime ?

Qu'on ſonge à l'aſcendant qu'ont & que doivent néceſſairement avoir, par la nature des choſes, les agens de la Police ſur des êtres de cette eſpece ; qu'on ſonge que ſi la crainte d'un plus grand mal engage l'adminiſtration à tolérer dans une grande Ville, telle que Paris, le fléau des uſuriers , la néceſſité de réprimer l'excès de leur cupidité exige qu'ils ſoient en quelque ſorte ſous l'empire immédiat des Officiers chargés de les ſurveiller ; que tous les jours des familles honnêtes, des Citoyens utiles doivent leur ſalut à cette rigueur ſalutaire employée quelquefois ſans l'intervention des formes; que dans la lifte immenfe des efcro-queries de toute efpece que la vigilance de la Police fait avorter ou rend infructueufes chaque année, il n'y en a pas une qui n'eût un fuccès auffi heureux que celle des Dujonquay, fi l'on en fai-foit dépendre le fuccès des détails d'une procédure, de la corruption ou de la foibleffe des témoins, de la prévention des Juges, fi les agens deftinés a intimider les coupables, par une intervention rapide, font intimidés eux-mêmes par la réclamation & l'application abufive des regles qui ne font pas faites pour ce genre d'affaires; & l'on commencera à voir fi le fieur Debruguieres, quel qu'ait été fon emportement fuppofé, a pu mériter une condamnation humiliante.

4°. Mais après tout, quelles en ont été les fuites, de cet emportement? Où eft donc la preuve de ces coups, de ces mauvais traitemens? Dujonquay affirme dans fes Requêtes, dans fes écrits, qu'il a été *battu*, qu'il a eu affaire à un *bourreau*, qui *l'a torturé*, qu'il avoit l'eftomac tout *noir*, tout *meurtri*, tout *couvert de contufions*, &c. Mais, au moment où il a été en prifon, il a pu requérir la vifite des Chirurgiens, & faire dreffer procès-verbal de fon état; pourquoi s'en eft-il abftenu? Quand il a paru devant M. le Lieutenant Criminel il a pu faire mention de ces fupplices, & en montrer les marques; d'où vient fon filence?

Je ne me fuis pas tû, dira-t-il. J'ai parlé des violences, des affauts que j'avois eu à endurer. Vous en avez parlé! Et quelle preuve en avez-vous produite? Les boutons de cuivre de ma redingotte fauffés en plufieurs endroits. On ne le croira pas peut-être, mais voilà cependant exactement, littéralement, la feule, l'unique trace qu'ait pu produire cet infortuné martyr de la plus criminelle inquifition, des violences affreufes qu'il prétend avoir effuyées chez M^e le Chauve.

Maintenant, de ce ridicule indice qui ne prouve rien par lui-même, puifqu'il faudroit favoir fi c'eft à un coup, ou à leur vétufté que les myftérieux boutons étoient redevables de leur mauvais état, rapprochons les dépofitions de M^e le Chauve, du fieur Dupuis, de leurs Clercs & Commis, qui n'ont rien vu de femblable à ce que les Dujonquay articulent; rapprochons-en la conduite de toute la famille opprimée, dit-on, fes procédés pendant les premiers jours qui ont fuivi cette prétendue fcene d'iniquités.

Dujonquay & fa mere font en prifon. Son aïeule & fes fœurs vont implorer la pitié du Magiftrat qui préfide à la Police. Qui choififfent-elles pour médiateur ? C'eft le fieur Debruguieres. Il les engage à aller voir leurs parens au Fort-l'Evêque. Elles s'y tranfportent : qui prennent-elles pour guide dans cette vifite ? c'eft le fieur Debruguieres.

Jufques-là elles pouvoient ignorer les faits & carreffer un ennemi qui ne fe montroit que fous des dehors bienfaifans. Mais elles voient les prifonniers, elles leur parlent. Si Debruguieres avoit la veille fi cruellement abufé de fon pouvoir contre eux, leur premier mouvement n'auroit il pas été d'horreur à fa vue ? N'auroient-ils pas averti la grand'mere avancée en âge & les jeunes fœurs de s'en défier ? Avoient-ils quelque chofe de plus intéreffant à leur raconter que les barbaries de la nuit précédente ? Point du tout, ils n'en difent pas un mot : les uns voient le fieur Debruguieres fans haine, les autres continuent à le fuivre avec reconnoiffance.

Ils fe féparent. L'aïeule & les petites retournent à la Police. Qui confervent-elles encore pour compagnon ? c'eft toujours le fieur Debruguieres.

Le lendemain elles veulent écrire un Mémoire, une lettre au Magiftrat pour exciter fa commifération. A qui vont-elles s'adreffer pour apprendre comment il faut la rédiger ? c'eft au fieur Debruguieres. Les jeunes fœurs vont chez lui. Elles écrivent fous fa diétée un brouillon, qu'il prend la peine de corriger de fa main. C'eft cette lettre fameufe, diétée avec fimplicité, reçue avec reconnoiffance, & dont on a cependant effayé depuis de tirer un parti fi cruel, mais qui heureufement comme tout le refte eft diamétralement oppofé à la raifon.

On a feint d'en conclure férieufement que le fieur Debruguieres avoit voulu induire par-là les fœurs Dujonquay à fe déclarer les accufatrices de leur frere & de leur mere ; on a été jufqu'à lui faire un crime d'avoir, de fa main, écrit le nom de ces jeunes perfonnes au bas de la prétendue lettre, comme s'il avoit commis un faux dans l'efpérance d'en impofer au Magiftrat. On ne conçoit pas comment les abfurdités qui fe font accumulées à chaque ligne, à chaque mot dans les défenfes des Veron, ne les ont pas décréditées fur le champ.

Cette lettre, ils en conviennent, étoit pleine de ratures. Elle
étoit

étoit écrite de deux mains ; ce n'étoit donc qu'un brouillon, une minute informe, qui ne pouvoit point arriver au Magiſtrat. La circonſtance des noms ſignés par Debruguieres étoit donc indifférente, puiſqu'il falloit les recopier, ainſi que le corps du Placet. Il ne les avoit figurés au bas que pour indiquer à ces jeunes perſonnes peu accoutumées à écrire à un Magiſtrat, l'arrangement matériel que devoient avoir les ſignatures.

Il avoit fait des corrections de ſa main dans le corps de la lettre ; & on a oſé plaider, imprimer qu'une des petites-filles, celle qui ſervoit de ſecrétaire, avoit eu la ruſe d'écrire mal exprès, d'orthographier imparfaitement, afin d'amener le tyran de ſa famille à réformer lui-même ſes fautes, & à fournir ainſi contre ſes ſéductions un témoin irrécuſable. Cette politique feroit beaucoup d'honneur à la ſubtilité précoce de l'enfant. Elle en fait bien peu à la droiture des inventeurs qui la lui ont depuis ſuppoſée.

D'abord la maniere d'écrire du ſieur Dujonquay, dont l'éducation devroit ce ſemble avoir été plus ſoignée à cet égard que celle de ſes sœurs, prouve aſſez que celles-ci n'avoient pas beſoin d'employer l'artifice & la réflexion pour manquer aux regles du ſtyle en écrivant.

Mais enſuite, ſi réellement l'intention du ſieur Debruguieres avoit été criminelle en rectifiant leurs fautes, ſi ſon deſſein avoit été d'abuſer de ce brouillon, ainſi réhabilité, pour les rendre délatrices de leur frere, ſe feroit-il deſſaiſi de la piece qui contenoit la délation ? Eſt-ce dans leurs mains qu'il l'auroit laiſſée ? N'auroit-il pas eſſayé de profiter de leur complaiſance apparente, & dont il ignoroit les motifs, pour les amener à lui donner un monument complet? Auroit-il été le premier à les preſſer de faire voir à leurs parens, à leurs amis, à leurs Conſeils, ce modele qu'il leur abandonnoit? Ce n'eſt qu'en reſtant dans ſes mains que la lettre pouvoit devenir dangereuſe ; & c'eſt parce qu'elle en eſt ſortie, qu'on veut la rendre ſuſpecte !

Tout force donc à penſer, tout prouve que le ſieur Debruguieres, loin d'avoir contribué à opprimer cette famille, en a été le conſolateur & l'oracle, juſqu'au moment où des réflexions plus profondes & des conſeils plus adroits ont ſuggéré l'idée de l'accuſer d'en avoir été le bourreau. Son procédé eſt par-tout celui d'un homme honnête & senfible. S'il s'indigne, s'il s'emporte, c'eft contre l'obftination des coupables ; dès qu'il les voit repentans, il compatit à la douleur de leur famille ; il en effuie les larmes ; il s'empreffe à leur procurer les moyens de défarmer la jufte févérité du Magiftrat. Il eft aifé, avec des déclamations & une procédure irréguliere, de rendre une pareille conduite fufpecte ; parce que, comme en littérature le fublime eft fouvent voifin du ridicule, de même en fait de procédé, il n'eft point rare que des démarches deviennent fufceptibles d'une interprétation maligne, en raifon de ce qu'elles font plus nobles & plus défintéreffées. Mais cette accufation née de l'intérêt, cette accufation dont le motif eft auffi évident que l'abfurdité en eft palpable ; cette accufation que rien ne juftifie, & que tout dément, ne fera pas fans doute d'impreffion fur les Juges fupérieurs qui vont l'approfondir.

Ils verront que la conduite du fieur Debruguieres en cette occafion ne peut être attribuée qu'à une vivacité dont le principe étoit louable, & qui a mille fois mérité à fes confreres les éloges des Magiftrats comme la reconnoiffance des Citoyens qu'ils avoient fauvés. Ils verront que fi par la fatalité des circonftances, par les interprétations odieufes qu'on y a données, par les impoftures criminelles qu'on y a jointes, par l'abus des procédures qu'on s'eft permis, on eft venu à bout d'empoifonner des détails innocens en eux-mêmes, & que la feule maniere de les envifager peut faire paroître repréhenfibles, fa faute, quelle qu'elle foit, eft plus que fuffifamment expiée par dix mois de la captivité la plus rigoureufe, par la perte de fa place & de fes efpérances, par celle de fa fortune, par les déclamations horribles dont il eft devenu l'objet, & dont il peut être vengé, mais non pas indemnifé.

Le feul fait prouvé dont on puiffe lui faire un reproche fondé en apparence, c'eft d'avoir ordonné que dans le chemin, depuis la maifon de Mᵉ le Chauve chez le Commiffaire, on liât les mains à Dujonquay dans la voiture qui le tranfportoit ; mais cette précaution, il a cru devoir peut-être la prendre pour fa propre fûreté, pour affurer la tranquillité du trajet ; l'indocilité, la fureur du jeune homme la rendoient néceffaire ; il avoit voulu faire des violences lui-même dans la rue, & s'évader par force. Il faudroit avoir été préfent à l'ordre & à fon exécution, pour apprécier l'un & l'autre ; mais en fuppofant qu'il eût pu s'en difpenfer, au moins doit-on convenir qu'il y a plus que compenfation de mauvais traitemens entre le sieur Debruguieres & Dujonquay.

Celui-ci n'a souffert par l'ordre de l'autre des liens qu'une fois, qu'un instant dans l'obscurité de la nuit, dans l'intérieur d'une voiture. Il n'a pas été une minute au secret au Fort-l'Evêque. La sévérité qu'il peut avoir éprouvée depuis dans une autre prison, ne peut être imputée aux mains qui l'avoient conduit dans celle-là.

Le sieur Debruguieres, depuis le moment où il a été précipité dans les cachots, a été presque sans cesse au secret le plus rigoureux, accompagné des circonstances les plus aggravantes, & les plus faites pour indigner les Juges quand ils en seront instruits. Chaque fois que le Lieutenant général du Bailliage lui a fait revoir la lumiere pour subir des interrogatoires, il y a été traîné avec un éclat révoltant, au milieu du jour, à des heures choisies exprès, à des heures où l'on savoit que la populace pouvoit le voir & l'insulter ; toujours chargé de fers, dont le bruit pût avertir de sa sortie cette espece d'hommes qui étant accoutumée à regarder comme des tyrans les agens que la Police emploie à la contenir, accouroit de toutes parts pour jouir de l'humiliation d'un de ses prétendus persécuteurs.

En voilà bien assez sur le fait isolé des violences considérées en elles-mêmes. Suivons la marche de la Sentence, nous en approfondirons tout-à-l'heure le but & les effets.

§. X.

Déclarons pareillement le sieur Dupuis atteint & convaincu d'abus d'autorité dans l'exécution des ordres dont il a été chargé, & de n'avoir pas empêché, comme il l'auroit dû faire, lesdits excès, violences & mauvais traitemens ; pour réparation de quoi ordonnons qu'il sera mandé en ladite Chambre pour y être admonêté.

Encore atteint & convaincu ! De quoi ? De deux délits ; 1°. *d'abus d'autorité dans l'exécution des ordres.* De qui ces ordres ? Les Juges n'ont osé le spécifier. Ils ont cherché un échappatoire adroit : ce sont les ordres *dont il a été chargé,* Mais ces ordres étoient des ordres du Roi.

Nous sommes bien éloignés de vouloir toucher ici à une question délicate qui n'a déjà occasionné que trop de discussions abusives, & dont la folution n'auroit peut-être pas autant d'avantage que l'examen en auroit de dangers ; mais enfin ces ordres font refpectables en eux-mêmes ; leur feule exiftence doit mettre à l'abri des recherches les Officiers qui les exécutent, & qui font forcés de les exécuter ; ils ne feroient puniffables que dans le cas où ils les auroient excédés.

Mais ici, les Juges qui ont déclaré le fieur Dupuis convaincu d'abus d'autorité dans leur exécution, en ont-ils eu connoif-fance ? en ont-ils fixé & conftaté les bornes ? N'y a-t-il pas de leur part plus que de l'indifcrétion d'avoir ofé traveftir en délit une obéiffance néceffaire, & d'avoir énoncé d'une maniere auffi vague un délit fur lequel il ne leur étoit ni permis ni poffible de ftatuer !

Je vais plus loin : il y a des cas où les ordres de cette nature font abfolument indifpenfables ; & celui-ci, par exemple, en étoit un. Néceffité d'arrêter dans fa fource une efcroquerie qui alloit ruiner une famille illuftre par un complot d'ufuriers ; c'é-toit ainfi que fe préfentoit l'affaire au premier coup-d'œil. En s'en tenant à la lenteur des formes ordinaires, le complot auroit été confommé avant même qu'on eût pu imaginer le moyen d'y remédier. L'expédition des ordres étoit donc urgente, & le fera toujours dans des cas pareils, même fans approfondir le fait ; la Police n'eft inftituée que pour obvier, par la rapidité de fa mar-che, aux inconvéniens qui naîtroient de la pefanteur forcée de la Juftice ordinaire. Comme elle ne ftatue jamais définitivement, il n'en réfulte même, quand elle fe méprend, qu'un mal paffager & infenfible ; au lieu que de la tolérance contraire, il réfulteroit à chaque inftant, dans une Ville où la corruption & les vices font au comble, des maux affreux & irréparables.

Cependant fi les Officiers chargés de la difpenfation de ce pré-fervatif utile, font non-feulement gênés, mais intimidés dans l'exercice de leurs fonctions ; s'il eft permis à tout efcroc pourfuivi en vertu des ordres du Roi, de dire à l'Exempt qui fe préfente pour les faire exécuter : il exifte un Tribunal dans le monde où je pourrai impunément t'accufer d'abus d'autorité, où je ferai accueilli avec ce grief, où j'obtiendrai non-feulement la confir-mation de mon larcin, mais une condamnation humiliante & des dommages-intérêts contre toi ; on fent bien que ce Tribunal aura droit d'attendre des autels & des facrifices de la méprifable efpece

d'hommes qu'il aura ainſi protégés ; il n'y aura aucun de leurs re-
paires où ſa Sentence ne ſoit imprimée & encadrée avec ſoin
comme un taliſman contre les viſites importunes des Miniſtres
de la Police ; mais les Citoyens honnêtes n'auront-il pas à trembler de cette infame reconnoiſſance & du ſujet qui l'aura mo-
tivée ? Qu'elle reſſource auront-ils déſormais contre les ſurpriſes
& l'audace de ces ames viles ſi multipliées aujourd'hui, qui ſe
font un patrimoine de la foibleſſe & du beſoin, qui rançonnent
l'ignorance ou la détreſſe, & ne comptent, comme les bêtes
carnacieres, les ſuccès de leur journée, que par les rapines qu'ils
ont commiſes.

. Elles ont encore avec ces animaux farouches une autre reſſem-
blance ; ceux-ci même dans la captivité ne réforment point leurs
inclinations ſanguinaires ; enchaînés, ils n'en dévorent pas moins
tout ce qui les approche ; les uſuriers de même, malgré la contrainte éternelle à laquelle la Police les aſſujettit, malgré les pré-
cautions qu'elle multiplie contre leur cupidité, malgré les en-
traves accumulées dont elle charge leur avarice, n'en ſont pas
moins dès-à-préſent un des plus cruels fléaux de la ſociété ; que
deviendront-ils donc ſi leurs conjurations contre elle ſont miſes
par la Juſtice au rang des actions légitimes, & ſi la puiſſance, qui
peut ſeule nous ſervir à tous de ſauve-garde contre leurs entrepriſes,
eſt détruite par celle que l'honneur, l'amour du bien public, le
devoir & l'intérêt commun obligeoient de la reſpecter ?

J'invite encore ici, comme je l'ai déjà fait dans les Obſerva-
tions, & comme il faudroit le faire à chaque ligne que l'on écrit
ſur cette effrayante procédure, tous les lecteurs qui ont quelque
choſe à perdre, & une ame ſenſible, à méditer ſur ces idées.

Le ſecond délit du ſieur Dupuis, quel eſt-il ? Eſt-ce d'avoir
exercé les violences ? Eſt-ce d'y avoir pris part ? Eſt-ce d'avoir
encouragé le bourreau qui donnoit la queſtion devant lui à ces
innocentes victimes ? Non ; c'eſt, dit la Sentence, de ne les
avoir pas empêché, comme il l'auroit dû faire ; de ſorte que s'il
a failli c'eſt par omiſſion, & non par commiſſion.

Je ſais bien que les Caſuiſtes exhortent les ames timorées à fonder leur conſcience ſur ces deux manieres de manquer à leurs
devoirs, mais j'ignorois que la premiere pût jamais devenir dans
les Tribunaux le fondement d'une déciſion pénale. Quoi ! vous
me puniſſez de ce que je n'ai pas fait ! vous commencez par me

suppofer des devoirs qui ne naiffent que de vos préjugés, & vous me déclarez enfuite coupable de ne les avoir pas remplis ! Mais fi une femblable inquifition s'établit dans les Siéges de la Juftice, quel homme irréprochable pourra donc s'affurer d'être jamais innocent ?

Mais, dira-t-on, le fieur Dupuis étoit le porteur des ordres ; c'étoit à lui que l'exécution en étoit confiée ; il devoit réprimer les excès que ces ordres ne comportoient pas ; il ne l'a point fait ; il y a donc connivé indirectement ; & c'eft-là fon crime, c'eft-là de quoi nous le déclarons coupable.

Doucement. Ici vous lui reprochez donc de n'avoir pas agi ; ce n'eft que fon immobilité qui vous paroît repréhenfible ; s'il avoit eu la moindre part active aux violences, vous ne lui en auriez pas fait grace ; il ne vous femble criminel que par fon inertie ; mais conciliez donc cette portion de fon article avec la précédente où vous le déclarez convaincu d'abus d'autorité dans l'exécution de fes ordres.

Quel a pu être cet abus, finon les violences ? Et fi ce n'eft pas lui qui les a commifes, comment peut-il être coupable de l'exécution abufive qui vous choque ? Vous le déclarez donc convaincu d'avoir été tout à la fois dans le même inftant en mouvement & en repos ? Y a-t-il jamais eu d'inconféquences, de contradictions plus frappantes, plus multipliées & plus odieufes ?

Mais, continuerez-vous encore, ce n'eft qu'un crime paffif que nous lui objectons dans un cas comme dans l'autre ; c'eft pour avoir été témoin indifférent de l'abus d'autorité comme des violences, que nous l'en déclarons coupable. Cela ne peut pas être ; vous avez fpécifié fur le fait des violences, que vous ne le trouviez criminel que pour ne s'y être pas oppofé ; mais vous avez bien annoncé auffi qu'il vous paroiffoit convaincu d'un abus d'autorité actif commis dans l'exécution de fes ordres. Si ces deux délits vous avoient paru de la même nature, vous n'auriez pas pris la peine de les diftinguer. Vous ne vous juftifierez donc jamais de cette contradiction affreufe tout à la fois & abfurde, à moins que vous ne difiez que c'eft la complaifance même de s'être chargé des ordres que vous avez entendu punir dans le fieur Dupuis, & que fon délit eft d'avoir confenti à en devenir porteur ; alors cette partie de votre Sentence ne feroit plus extravagante.

Mais je vous demande à vous-même ce qu'elle feroit ; je demande aux Magistrats, je demande aux lecteurs désintéressés, je demande aux partisans mêmes des Dujonquay, si c'est le sieur Dupuis qu'il faudroit trouver coupable ?

Ce n'est pas tout : j'oublie pour un moment cette inconséquence ou cette rébellion ; je suppose que vous n'avez vu dans les deux cas le sieur Dupuis que comme un témoin immobile ; mais de son indifférence sur une scene qui se passoit sous ses yeux, & dont il étoit un acteur nécessaire, avez-vous pu ou dû conclure qu'il s'y soit passé quelque chose de criminel ? La conséquence inévitable de sa tranquillité n'étoit-elle pas au contraire que tout en étoit innocent ?

Quand l'âge du sieur Dupuis, quand l'excessive modération de son caractere, quand l'expérience de trente années exemptes de toute espece de reproches, quand la confiance sans bornes du Magistrat qu'on ne soupçonnera pas d'autoriser les emportemens dans les Agens qu'il emploie, quand la déposition de Me le Chauve, quand enfin le compte naïf & non suspect qu'a rendu le sieur Dupuis lui-même de toute la séance, ne le justifieroient pas sans réplique, & ne devroient pas prévaloir sur les déclamations destituées de tout fondement, de toute probabilité, de deux coupables intéressés à grossir les objets, & qui ne peuvent se justifier qu'en inculpant tout ce qui peut servir à démontrer leur crime ; leur propre silence dans ce moment critique n'est-il pas la preuve palpable de la fausseté de toutes les assertions qu'ils débitent aujourd'hui ?

Ils n'ont été maltraités, suivant eux-mêmes, que par un Subalterne subordonné au sieur Dupuis ; ils voyoient dans celui-ci un homme grave, d'un âge mûr, seul dépositaire de l'autorité qu'ils avoient à craindre ; son immobilité même les autorisoit à ne pas le croire complice de l'abus qu'on en faisoit. Si cet abus avoit été si audacieux, dans leur douleur, dans le tourment des meurtrissures, au milieu de ces menaces impertinentes, comme tout le reste de leurs imaginations, *de leur faire avaler une canne*, n'auroient-ils pas au moins requis la protection de cet homme qui conservoit son sang-froid, & s'abstenoit des excès qu'ils reprochent à son Commis ? Leur premier mouvement n'auroit-il pas été de le prier de mettre fin à une vexation si intolérable ?

Son refus auroit été un grief de plus pour eux ; ils n'auroient pas manqué de se prévaloir de ce grief, s'il avoit été réel ; ils ne l'ont pas fait : donc il n'exifte pas ; mais en ce cas la prétendue vexation n'exifte donc pas davantage. Qui croira que des êtres doués de la moindre raifon fe laiffent bourreler pendant quatre heures par un homme qui n'a pas même de titre pour les interroger , & qu'ils n'effaient pas feulement de fe fouftraire à ces fupplices en s'adreffant à celui qui feul avoit quelque autorité fur eux , fur-tout quand ce dernier ne leur donne aucun indice d'animofité ?

De cela feul que Dujonquay & fa mere n'ont jamais imploré l'intervention du fieur Dupuis contre la fougue du fieur Debruguieres , il s'enfuit évidemment qu'ils n'en ont pas eu befoin , & que par conféquent , d'une part , eux-mêmes dans l'inftant où ils s'y trouvoient expofés , n'ofoient le blâmer au fond de leur cœur ; & de l'autre , que le fieur Dupuis n'y a rien vu qui ne tendît à faciliter la découverte qui étoit l'objet de fa miffion : donc le fieur Dupuis eft innocent , & la Sentence dans le chef qui le concerne auffi inique qu'abfurde. Mais fi le fieur Dupuis n'eft pas coupable , quelle raifon pour croire que Debruguieres eft innocent !

§. X I.

Déclarons le Comte de Morangiés atteint & convaincu d'avoir dénié le prêt mentionné au procès , & d'avoir autorifé par fa préfence lefdits excès , violences & mauvais traitemens à l'effet d'extorquer de ladite femme Romain & de Dujonquay les déclarations contraires à la réalité du prêt , & de retirer les quatre billets par lui faits le 24 Septembre 1771 ; pour réparation de quoi le condamnons en 10 livres d'aumône applicable au pain des pauvres Prifonniers de la Conciergerie.

Voilà donc le Comte de Morangiés ramené fur la fcene. Les Juges ont commencé par l'abfoudre ; leur deffein n'étoit pas qu'il confervât long-tems l'extérieur de l'innocence , le voilà auffi à fon tour atteint & convaincu. De quoi ? Eft-ce d'avoir commis le délit qu'ils étoient chargés de vérifier ? Eft-ce d'avoir reçu les cent mille écus ? Non , c'eft de l'avoir *dénié.*

Mais eft-il donc permis de fe jouer ainfi des formes & des formules de la Juftice ? Qu'étoit-il donc befoin d'une procédure fi longue & fi terrible pour convaincre le Comte de Morangiés de ne s'être pas avoué débiteur des Dujonqnay ? Le premier mot

que

que j'ai dit pour lui ne contenoit-il pas une réclamation précise contre cette créance criminelle ? Avons-nous depuis changé de langage ?

Et depuis quand la dénégation d'un délit en devient-elle un ? Ce ne peut être sans doute que quand le délit lui-même est prouvé. Mais quand on a la démonstration du crime, s'amuse-t-on à en inculper le défaveu ? Quelle étrange Jurisprudence que celle d'un Tribunal qui, ne pouvant convaincre un innocent, le déclare convaincu de ne pas convenir qu'il est coupable ! Ce prononcé atroce ne décele-t-il pas une envie forcenée de flétrir le Comte de Morangiés à quelque prix que ce soit, & d'imprimer sur son nom la tache d'une condamnation ?

Ceci n'est plus ridicule ; je ne trouve de terme dans aucune langue pour exprimer le sentiment que cette horrible disposition fait naître dans mon cœur, parce qu'elle n'a jamais eu d'exemple chez aucun Peuple. Je porte aux Juges du Bailliage le défi de trouver dans les trop immenses & trop funestes annales des crimes commis avec le glaive de la Justice rien qui approche de celui-ci.

Et qu'ils ne disent pas que c'est par égard pour le Comte de Morangiés qu'ils se sont imposé cette réticence ; qu'ils ne disent pas que sa réclamation est une ingratitude, & qu'ils ont bien voulu exposer leur honneur pour ménager le sien ; non, nous désavouons cette indulgence perfide ; ce seroit de leur part une prévarication dans tous les cas. Si le Comte de Morangiés est coupable, ils devoient le publier & le punir : il ne dépendoit pas d'eux d'adoucir son sort & son ignominie. Ou il existe au procès des preuves qu'il a reçu les cent mille écus, ou il n'en existe pas. S'il en existe, les Juges qui se sont contentés de le déclarer convaincu de l'avoir nié, sont des prévaricateurs punissables ; s'il n'en existe pas, que font-ils ? Or il n'en existe pas ; & ma preuve, c'est leur Sentence.

La seconde partie du chef que nous examinons n'est pas si effrayante que la premiere ; mais elle n'est pas moins absurde. Le Comte est déclaré atteint & convaincu d'avoir autorisé par sa présence les violences de Debruguieres. Qu'est-ce que cela veut dire ? En quoi la simple présence d'un homme peut-elle le rendre complice d'un délit, & excuser des Juges qui le déclarent convaincu de l'avoir autorisé ?

F

Il s'agiſſoit de la fortune du Comte. Ce qui ſe paſſoit chez M^e le Chauve alloit décider de ſon ſort. Il étoit accuſateur ; il auroit été bien étrange qu'on l'eût exclus de la conférence qui ne ſe tenoit qu'à ſon ſujet.

M^e le Chauve, dira-t-on, n'étoit pas Juge ; ce n'étoit pas un interrogatoire que ſubiſſoient les Accuſés. C'eſt préciſément à cauſe de cela que le Comte de Morangiés a pu innocemment ſe trouver dans la maiſon où on les examinoit. Mais qu'y a-t-il fait ? A-t-il pris part aux prétendues violences du ſieur Debruguieres ? Les a-t-il encouragés par quelque ſigne, par quelques mots ? Exiſte-t-il au Procès quelque indice qui puiſſe faire ſoupçonner que ce ſoit lui qui en ait été l'inſtigateur ſecret, le vrai mobile ? Non ; les Juges ont eu ſoin de ſpécifier qu'il n'y a concouru même, ſuivant leur opinion, que par ſa préſence. Il eſt aſſez extraordinaire, pour le dire en paſſant, qu'ils aient ainſi, preſque à chaque article, donné pour motif de leur déciſion, la raiſon même qui devoit leur en inſpirer une toute contraire ; mais ſi ce n'eſt que de ſon aſſiſtance immobile qu'il a contribué à ces prétendus excès, comment peut-on dire qu'il les a autoriſés ? Comment peut-on ſur-tout mettre cette autoriſation chimérique au rang des délits, & l'en déclarer atteint & convaincu, à l'inſtant même où l'on reconnoît qu'il n'en a été que le témoin muet ?

Soit, dira-t-on ; il étoit ſpectateur taciturne, mais non pas inſenſible. Son intention parloit au milieu de ſon ſilence, & nous avons eu ſoin de ſpécifier qu'il n'étoit-là que pour extorquer les déclarations & retirer ſes billets.

Fort bien. Vous n'avez pas fait-là une découverte difficile. Dès qu'il étoit préſent, perſonne n'a jamais imaginé qu'il le fût pour autre choſe ; mais permettez-moi une courte réflexion.

Aux articles du ſieur Debruguieres & Dupuis, vous ſuppoſez des délits ; vous traveſtiſſez des actions indifférentes par elle-mêmes en attentats ; mais comme vous craignez l'examen, vous ne voulez prononcer que des peines légeres, pour ne pas vous compromettre. Vous ſupprimez donc l'intention, qui ſeule, comme je l'ai obſervé, auroit pu conſtituer le crime ; ne prenant que le fait iſolé, vous vous croyez autoriſés à vous reſtreindre à une condamnation mitigée. A l'article du Comte, c'eſt tout le contraire ; il n'y a pas même contre lui l'apparence d'un délit. Vous ſentez que la déclaration du prêt n'eſt point un grief tant que le prêt n'eſt pas prouvé. Vous ſentez que l'aſſiſtance paſſive à la ſcene du

30, n'en eſt pas un non plus ; pour aggraver ces chimeres, vous avez ſoin d'y joindre à l'une l'intention ; s'il a été préſent, c'eſt *pour extorquer les déclarations*, & n'oſant dire ce que la procédure auroit démenti, que la réalité du prêt eſt établie, vous gliſſez que ces déclarations extorquées ſont contraires *à la réalité du prêt*, ſur laquelle cependant vous ne dites rien ; de ſorte que, dans les Agens de la Police, c'eſt le fait ſeul que vous paroiſſez punir ; & dans le Comte de Morangiés, c'eſt l'intention, en laiſſant ſubſiſter contre tous, les ſoupçons les plus flétriſſans, en donnant à penſer qu'il ne vous a manqué que des preuves pour prononcer de plus grandes peines, en les livrant, pour le reſte de leur vie, les uns au reproche d'avoir contribué, par la plus odieuſe corruption, à un brigandage infame, & l'autre à celui d'avoir eſſayé de commettre, avec les mains de la Police, le vol le plus bas, le plus lâche, le plus déshonorant dans toutes ſes circonſtances dont il ait jamais été queſtion.

Voilà bien de l'art, ſans doute ; mais j'en appelle encore ici au cœur de tout homme déſintéreſſé, & je lui demande quel eſt le ſentiment que cet art lui fait éprouver?

Comme il eſt difficile de tout combiner, de tout prévoir, ſurtout dans un Jugement qui viole la juſtice & les regles, on n'a pas vu que la peine ſeroit l'écueil de l'adreſſe avec laquelle tous ces délits ſont arrangés. Le Comte eſt condamné, *pour réparation* de ce qui précede, à être *admoneſté* par ſes Juges. L'admonition eſt un avis de ne plus faire quelque choſe : ſi la Sentence étoit confirmée, & que le Lieutenant Général du Bailliage fût autoriſé à admoneſter le Comte, je ſerois bien curieux de ſavoir ce qu'il lui interdiroit.

Seroit-ce de ne plus dénier qu'il ait reçu cent mille écus ? Mais le Comte lui répondroit : prouvez donc que je les ai reçus ; & alors au lieu de l'avis ſtupide que vous me donnez, livrez-moi à une punition rigoureuſe. Seroit-ce de ne plus ſe trouver dans une maiſon où les Agens de la Police auroient conduits des eſcrocs coupables de l'avoir trompé ? Alors le Comte lui repliqueroit : commençez par conſtater que ce ſont d'honnêtes gens ; commencez par établir en axiome que je dois voir d'un œil indifférent des titres qui compromettent ma fortune, & qui m'ont été ſurpris par fraude, dans des mains qui veulent en abuſer ; perſuadez-moi que je dois de ſang-froid être volé par eux, comme condamné par vous ; & certainement le Juge ne fortiroit pas de la féance fans quelque embarras.

Réfumons : dans tous les cas , l'intérêt commun de la fociété crie vengeance contre le Jugement du Bailliage. Si le Comte de Morangiés eft criminel , fi les fieurs Dupuis & Debruguieres font fes complices, ils ont formé entre eux une affociation plus dangereufe que celle des Cartouches & des Rafiats ; ils ont abufé de ce qu'il y a de plus facré , de la confiance d'un Magiftrat, de la foi publique, de la foibleffe de deux innocens , de l'obfcurité d'une famille dont ils fe font réciproquement vendu & acheté les dépouilles ; il n'y a point de fuplices fuffifans pour expier tant de baffeffe , jointe à tant de barbarie. Le blâme , l'admonition , infligés en pareils cas , font des infultes faites à la Juftice & aux Loix ; mais s'ils font innocens, fi Dujonquay & fa mere font les vrais coupables. . . . J'acheverai un jour de tirer la conféquence. .

§. XII.

Déclarons les déclarations du 30 Septembre 1771 , fignées par ladite femme Romain & Dujonquay , nulles & de nul effet , comme étant la fuite des excès , violences & mauvais traitemens.

Les trois articles qui précédent ne font que les échafauds de l'édifice : en voici le fondement ; voici le grand objet de la procédure , le but de toutes les manœuvres, le point auquel devoient tendre tous les éclairciffemens, celui fur lequel par malheur on les a tous refufés ou méconnus.

Ces pieces terribles anéantiffoient les billets. Les Dujonquay & leurs partifans l'ont toujours bien fenti : auffi, dès le principe, ont ils crié à la violence, à l'extorfion. Sur leurs déclamations, le public s'eft ému. Le fieur Debruguieres a été décrété, emprifonné. Sa captivité n'étoit due qu'à cette effervefcence fi artificieufement produite ; elle en eft enfuite devenue la juftification : on a cru être autorifé à le décréter, parce que la voix publique fembloit le dénoncer ; & aujourd'hui le Public ne le croit autorifé à le dénoncer que parce qu'il eft décrété. C'eft en général ce qui arrive dans toutes les affaires de ce genre, & ce qui prouve combien les Juges doivent être en garde contre ce qu'on appelle la clameur univerfelle.

Quoi qu'il en foit , voilà des pieces authentiques fignées par des majeurs , reçues par un Officier integre & non inculpé, déclarées *nulles & de nul effet* , comme étant la fuite d'une opération criminelle. Les réflexions s'offrent à mon esprit à ce sujet en si grand nombre, qu'elles m'accablent; toutes sont si essentielles, que je ne sais par laquelle commencer. Il n'y en a aucune qui ne soit décisive, & l'empressement de les présenter toutes me fait balancer sur le choix de la premiere : commençons au hasard.

Nous n'avons en France que deux manieres d'anéantir des actes passés par des majeurs : c'est *l'inscription de faux*, ou le concours du Prince, manifesté par ce qu'on nomme des *Lettres de rescision*. Dans les deux cas, la piece suspecte ou soupçonnée n'est annullée qu'après un examen soumis à des formes. Les Tribunaux n'entérinent les Lettres de rescision qu'après en avoir scrupuleusement vérifié les motifs; ils n'adoptent l'accusation de faux qu'après avoir recueilli des preuves convaincantes, & l'auteur du délit est puni comme son ouvrage.

Ici a-t-on pris l'une ou l'autre de ces deux voies? Non. Les Dujonquay n'ont point eu recours au Prince pour obtenir leur retour au même état où ils étoient avant leurs déclarations. Ils n'ont point demandé que le Procès fût fait à ce Commissaire qui a, disent-ils, extorqué leurs signatures, & les a forcés de les apposer au bas d'un acte contenant des assertions fausses qu'ils ne connoissoient pas. Le Ministere public n'a requis ni le dépôt des actes, ni la condamnation de l'Officier prévaricateur. De quel droit les Juges ont-ils donc pu détruire des pieces en forme, qui ne sont pas même attaquées? Car des déclamations vagues ne sont pas une attaque.

Mais elles sont, disent-ils, la suite des violences & mauvais traitemens qui nous ont paru prouvés. D'abord, pourquoi ce terme *la suite*? Pourquoi n'avez-vous pas dit *l'effet*? Quelquefois ces deux mots sont synonymes; plus souvent ils ne le sont pas, & ici le choix de l'un ou de l'autre n'étoit pas indifférent. Si c'étoit le sieur Debruguieres seul qui, après avoir brisé de coups les Dujonquay, eût reçu leurs signatures, la suite de sa barbarie pourroit en être l'effet : mais ce n'est pas à lui que ces signatures ont été données. Il n'y a aucune liaison entre cet acte volontaire & les violences chimériques. Les déclarations ont été signées après un espace, un repos de plus de deux heures, entre la scene de cruauté & celle de la soumission. Elles l'ont été dans une autre maison, dans les mains d'un homme de sang-froid, dont le caractere & l'office sont des préservatifs contre toute ac-

cufation de violence , & à qui en effet on n'en impute aucune ;
d'un homme qui s'attendoit fi peu à entrer dans le dénouement
de cette prétendue tragédie , qu'il étoit allé fouper en Ville ce
jour-là , & qu'avant fon retour il s'eft écoulé plus de deux heures : cette remarque eft effentielle.

On a ofé plaider , imprimer que le Commiffaire Chenon étoit
complice de toute la manœuvre des déclarations ; qu'il étoit prévenu ; qu'en transférant chez lui les Dujonquay , on ne vouloit
que mettre la derniere main à cette opération honteufe & criminelle ; qu'on étoit bien sûr de fa complaifance, qui s'étoit en
effet fignalée de la maniere la plus complete. On a été jufqu'à
calculer dans un des libelles combien il en avoit pu coûter au
Comte de Morangiés pour la mériter & la payer.

Mais s'il avoit été gagné , auroit-il choifi pour s'abfenter précifément le jour & l'inftant où il étoit queftion de confommer
cette opération importante ? Si les violences avoient eu pour but
de la préparer, & qu'on n'eût voulu du Commiffaire que pour la
confommer, n'y auroit-il pas eu des couriers prêts pour retenir
cet Officier chez lui , pour l'avertir des gradations du complot ,
des fuccès de la torture? Tous les momens n'auroient-ils pas été
précieux? Lui-même fachant que fa proie étoit en marche ou prête
à s'y mettre , auroit-il hafardé de la perdre par une abfence auffi
imprudente ? Le facrificateur auroit-il fermé le temple au moment où l'on partoit pour lui traîner fes victimes?

Il n'eft pas chez lui quand la troupe des bourreaux y arrive ,
quand elle y pouffe les malheureux dont elle a brifé le corps par
des coups, & l'ame par des menaces. Sans doute de peur de leur
laiffer reprendre de la force , de la préfence d'efprit par le repos,
on va continuer de les troubler ; on les entretiendra dans la difpo-
fition de tout figner , par les mêmes moyens qui la leur ont inf-
pirée. Il s'en faut bien.

Le Chef des Bourreaux s'éloigne lui - même. On les laiffe
paifibles, maîtres de leurs réflexions, de leurs mouvemens ; le
Commiffaire entendu en témoignage, appellé à la confrontation
avec la Romain , produit les pieces qu'elle défavoue. Il fait obferver aux Juges qu'elles font en bonne forme , que les fignatures
fur-tout font d'une main ferme & non tremblante. *Je le crois
bien , s'écrie cette femme, quand nous avons figné , il y avoit
deux heures que nous vous attendions : nous avions eu le tems de
reprendre nos efprits.* Cette réponfe eft confignée ou doit l'être.

dans la procédure. Du moins le Greffier a-t-il paru l'écrire à la réquisition de Mc Chenon. Y a-t-il une preuve plus convaincante de la tranquillité dans laquelle font restés les Dujonquay en attendant l'arrivée du Commissaire, & du peu d'envie qu'avoient les Agens de la Police de violenter leurs bouches ou leurs mains ?

Il y a plus : au moment où le Commissaire rentre, on l'instruit de l'affaire, de la disposition où font les deux Accusés de rendre hommage à la vérité. On les avoit séparés ; l'un étoit en bas dans l'étude, la mere étoit en haut dans le cabinet ; sur le champ le Commissaire reçoit la déclaration du fils qui la signe après en avoir entendu la lecture. On fait descendre la mere ; Dujonquay, dès qu'il l'apperçoit, lui crie : *ma mere je viens de déclarer la vérité.* Elle, sans demander quelle vérité, sans être embarassée d'un pareil aveu qui devoit lui paroître bien étonnant & bien redoutable, si elle avoit en effet prêté cent mille écus, si on l'avoit en effet tourmentée pendant quatre heures pour arracher d'elle une dénégation de ce prêt, lui répond sans hésiter, *tu l'as dite, mon fils, tant mieux, tu aurois bien fait de la dire plutôt ;* & alors à son retour elle fait tout haut sa déclaration au Commissaire qui la dicte à son Clerc, & elle la signe de même après lecture faite. Le Commissaire & son Clerc ont tous deux déposé de ce fait, qu'ils soutiendront jusqu'au dernier soupir. Est-il possible de se méprendre à de pareils traits, & de croire en les voyant à l'influence des prétendus mauvais traitemens sur les déclarations ?

Ce n'est pas tout : si Dujonquay ou sa mere avoient eu sur eux ou chez eux les billets, ils les auroient remis, tout auroit été fini. S'il avoit été moins tard, on les auroit conduits chez celui qu'ils disoient en avoir fait le dépositaire, pour les reprendre & les restituer ; l'affaire n'auroit pas été plus loin. Le Commissaire ne croyant pas devoir troubler le repos d'un étranger par une semblable visite, à une heure aussi indue, & ne pouvant, *d'après les ordres du Roi,* comme le portent les déclarations, relacher les coupables que la restitution ne fût consommée, les envoie au Fort-l'Evêque. Là ils sont aussi libres qu'on peut l'être dans une prison ; ils voient qui il leur plaît ; ils écrivent ; ils font faire des messages. Profitent-ils de cette liberté pour se plaindre, pour appeller un Chirurgien qui panse ou constate leurs meurtrissures, un Commissaire qui reçoive leurs protestations contre les actes de la veille ? Non ; ils ne s'occupent que du soin de les exécuter.

Ils écrivent au dépofitaire de leurs billets deux lettres confécutives pour les lui redemander. Parlent-ils des barbaries qu'ils
ont fouffertes ? Annoncent-ils leurs regrets de fe voir fi inhumai-
nement forcés à renoncer à leur fortune ? Non, ces lettres exiftent ;
il y en a une qui eft imprimée à la fuite d'un Mémoire publié contre le Comte de Morangiés. L'autre doit être jointe à la procédure. La voici :

Mon cieur

La malheureufe afaire ou je fuis plongé ma reduit ainfi que ma cher
mere ez prifon du Forlevefque, nous fumes arreté yere par ordre du
Roy fi vous voulé nous fecondé pour nous en tirer, il faut que vous
ayés la bonté de remettre au porteure les effets que je vous ait confié,
lefquelles dits effets jay promire a M. Dupuy de lui faire pacer au plus
tard a dix heures du matin, daprés la parolle que jay donné je vous
cerai obligé de me mettre a meme de la mettre a execution comme
auffi je vous prie mon cieur *de cecer toute pourfuitte* & auffitot que nous
aurons notre liberté nous aurons lhonneur de vous marquer notre reconnoiffance au fujet de tous les foins que vous vous ete donné
Jay lhonneur detre
Moncieur
Votre tres humble & tres obeiffant
Ma chere mere a lhonneur de vous   ferviteur,
affurer de fes refpects.   *Signé*, DUJONQUAY.
Du Forlevefque ce 1 Octobre 1771.

Eft-ce donc-là comme auroient écrit le lendemain d'une queftion fi abominable ceux qui l'auroient foufferte la veille ? Auroient-ils recommandé à leur Confeil de *fufpendre toute pour-
fuite*, quand il auroit fallu lui ordonner d'en commencer, à
quelque prix que ce fût, de nouvelles ? Auroient-ils parlé fi
paifiblement de la promeffe de reftituer les billets, quand il
auroit fallu en exprimer le défavœu en lettres de fang ? Eft-il
poffible de raffembler plus de preuves de la liberté, de la plé-
nitude du confentement, de la parfaite volonté avec laquelle
les déclarations ont été fignées ?

Elles n'ont pas été lues aux Intéreffés, dit-on. C'eft une impofture détruite par la procédure. Il y eft prouvé qu'elles ont été
lues tout au long à chacun. Le Commiffaire recevoit leurs aveux ;
il les dictoit enfuite à fon Clerc ; & avant que de les figner, on
les leur a fait entendre à haute voix. La femme Romain ayant fait
faire

faire la feconde en préfence de fon fils, il a donc entendu ce qu'elle difoit au Commiffaire, ce que le Commiffaire diƈtoit à fon Clerc, & ce que le Clerc a lu à fa mere; ce qui équivaut à trois leƈtures confécutives; & ils ofent affirmer qu'on ne leur a rien lu!

Mais, ajoute-t-on, il y a des faits faux, & qu'ils n'ont pas pu configner eux-mêmes, puifqu'ils font contraires aux connoiffances qu'ils devoient avoir. Le fieur Dujonquay dit dans la fienne, que *les billets ont été dépofés chez Mᵉ Thierry, Commiffaire*, & ils étoient dans les mains d'un autre. Les propriétaires des billets n'ont pas pu commettre cette méprife : donc les déclarations ne font pas d'eux, quoiqu'elles portent leurs noms. Voilà une des plus fortes objeƈtions qu'on ait faites contre ces pieces, une de celles qui a le plus féduit de leƈteurs, parce qu'il eft de la deftinée de cette étrange affaire, qu'on n'ait jamais daigné attendre ou pefer nos réponfes.

D'abord, pour tirer contre la piece ou l'Officier qui l'a dirigée une conféquence auffi terrible de cette méprife, il faudroit prouver qu'il ait eu quelque intérêt à hafarder de la commettre. Si le dépôt fait ou non fait des billets chez Mᵉ Thierry avoit été une particularité décifive en faveur du Comte de Morangiés, on pourroit croire que le Commiffaire, voulant le favorifer, l'auroit gliffée dans l'aƈte. Mais rien n'étoit plus indifférent; il n'y a même qu'une des deux piéces où elle fe trouve; elle ne peut donc être que du fait de la Partie; & bien loin qu'elle puiffe rendre le Commiffaire fufpeƈt, elle ne prouve que fa fcrupuleufe exaƈtitude à rendre tout ce qui a été dit.

Mais enfuite il s'en faut bien que cette anecdote fût de la part de Dujonquay une méprife; ce qu'il a dit alors il le croyoit. Le jour même où la Police faifoit échouer le complot, avoit été choifi pour en accélérer l'exécution. La veuve Veron avoit préfenté Requête à M. le Lieutenant Criminel pour furprendre, & furpris la permiffion de faire une vifite dans l'hôtel du Comte de Morangiés, fous prétexte qu'on y pourroit encore retrouver fon tréfor en entier ou en partie. Rien n'étoit plus odieux, rien n'étoit moins concluant que ce projet. Rien n'annonçoit mieux qu'on cherchoit à donner de l'éclat à la réclamation plutôt que de la probabilité. Il avoit été convenu entre la Veron & fes enfans, que pour colorer l'invasion du Commissaire, le dépôt des billets se feroit chez lui. On vouloit en composer une espece de corps de délit qui autorisât la revendication qu'on alloit faire en apparence de l'argent dont ils sembloient être l'équivalent. La Romain & son fils, séparés d'avec leur mere ou aïeule pendant la moitié de la journée du 30, croyoient le plan arrêté entr'eux exécuté. A onze heures du soir ils étoient bien persuadés que le Commissaire Thierry étoit réellement nanti de leurs titres. Ce n'est que le lendemain matin par la visite de la veuve Véron, qu'ils ont été instruits ; c'est à ce moment, qu'ils ont appris que cette partie du complot avoit été éludée par la résistance du sieur Laville à qui les billets avoient été remis, comme l'autre est restée sans effet par la juste délicatesse du Commissaire. Quoique la particularité du dépôt fût fausse, Dujonquay, en l'inférant dans sa déclaration, donnoit donc une preuve de sa bonne foi, & le Commissaire Chenon, en la recevant, en fournissoit une de sa neutralité parfaite.

Mais, ont-ils dit, c'est précisément cette erreur qui a motivé notre confiance & notre soumission. C'est dans l'idée que la revendication auroit lieu, que nous avons signé tout ce qu'on a voulu. Si l'or s'étoit trouvé chez le Comte de Morangiés, nos déclarations par cela seul étoient démontrées fausses & annulées. Nous avons donc cru ne rien risquer en nous prêtant, dans l'attente de cet événement, à une complaisance qui nous rédimoit de la vexa-tion présente, sans nous ôter l'espérance d'une réhabilitation future.

Fort bien. De sorte que c'est de la sécurité du Comte de Morangiés que vous consentiez à faire dépendre votre sort. S'il étoit possible, dans votre système, que ce trésor prétendu se trouvât chez lui en nature, il l'étoit aussi qu'il ne s'y trouvât pas : vous deviez craindre l'un au moins autant que l'autre. Dans ce second cas aussi probable assurément que le premier, vous aviez donc signé votre condamnation? Vous deveniez les victimes de cette puérile illusion.

Mais ce n'est pas tout. Le lendemain quand vous avez écrit au sieur Laville, elle subsistoit encore ou elle étoit détruite. Si elle subsistoit, vous ne saviez pas que la revendication eût été suspendue. Si son succès avoit été le but de vos espérances & de vos signatures de la veille, auriez-vous manqué d'en parler au sieur Laville? Lui auriez-vous si précisément marqué de *cesser toutes pourfuites*, dans l'incertitude d'un incident qui les légitimoit toutes? Au lieu de lui redemander les billets, de parler de la promeffe de les rendre, ne lui auriez-vous pas recommandé de les bien ferrer, de vous informer au plutôt de la quantité d'or trouvée chez le Comte, & des moyens de vous en affurer la reftitution, en proteftant contre la réfignation forcée de la nuit?

Si en lui écrivant, vous faviez déjà que la vifite n'avoit pas eu lieu, comment ne lui avez-vous pas confié votre douleur fur la perte de ce feul & unique efpoir qui vous avoit engagés la veille dans une démarche fi fatale ? Comment ne l'avez-vous pas confulté fur les moyens de la défavouer ? Comment la lui annonciez-vous avec tant de tranquillité? Qui a jamais ainfi renoncé à la poffeffion de cent mille écus, quand il y a droit, quand il n'en a été dépouillé que par un crime, quand toutes les voies font ouvertes pour en pourfuivre la reftitution ?

Il y a même plus encore : vous trembliez que le Sr Laville ne fe conformât pas exactement à vos prieres, de ceffer les pourfuites & de rendre les billets; vous n'aviez point d'autre appréhenfion. Sur fon premier refus, vous lui avez écrit fur le champ dans la même matinée la lettre fuivante, qu'il a imprimée, pag. 20, dans un Mémoire donné pour fa juftification. Vous lui difiez :

Monfieur . . . je vous prie de m'obliger DE SUIVRE DE POINT EN POINT la lettre que j'ai eu l'honneur de vous ecrire. fi vous pouvié etre porteuze vous meme de la reponfe, vous m'obligeriez ainfi que ma chere mere qui fe joint à moi. Jay lhonneur detre,
  Monfieur ,   *Votre Cerviteur, DUJONQUAY.*

Que fignifie ce mot, *fuivre de point en point* la lettre précédente ? N'eft-ce pas ceffer les pourfuites & rendre les billets? Pourquoi tant d'inftances, tant de vivacité le lendemain des déclarations pour les exécuter, & fi peu d'idée de les révoquer ?

Enfin quiconque voudra lire avec attention ces pieces décifives, quiconque voudra en examiner la tournure, en pefer les termes, l'enfemble, les détails, verra fi c'eft ainfi que parle l'impofture. Elles ont déjà été imprimées. Cependant comme c'eft vraiment le nœud du Procès, nous les remettrons encore ici fous les yeux des Juges.

L'an 1771, le Lundi 30 Septembre, en l'hôtel & pardevant nous Pierre Chenon, Avocat en Parlement, Confeiller du Roi, Commiffaire au Châtelet de Paris, eft comparu Sieur Pierre Dupuis, Confeiller du Roi, Infpecteur de Police ; lequel, en vertu des ordres dont il eft porteur, a conduit pardevant nous, le fieur François Liegeard Dujonquay, à l'effet de

recevoir fa déclaration au fujet des quatre billets montans à 327000 livres
foufcrits par M. le Comte de Morangiés, au profit de la veuve Veron
grand-mere dudit Dujonquay ; en conféquence, & après avoir pris le ferment dudit Dujonquay, il nous a dit fe nommer François Liegeard Dujonquay, âgé de vingt fix ans, natif de Paris, Paroiffe Saint-Sulpice,
demeurant avec la veuve Dujonquay fa mere, & la veuve Veron fa grand-
mere, rue Saint Jacques, près Saint Benoît, maifon du fieur de Santeuil,
Greffier au Parlement, au troifieme étage, & nous a déclaré que les
327000 livres portées aux quatre billets dont eft queftion, *n'ont point
été fournis audit fieur Comte de Morangiés* ; qu'il ne lui a été réellement
fourni que la fomme de 1200 livres, & qu'il comptoit lui faire fournir le
furplus par une Compagnie ; que lefdits quatre billets ont été dépofés par
le Comparant à Me Thierry notre Confrere, & annexés à une déclaration
qui lui a été faite au nom de la veuve Veron, pour parvenir au recouvre-
ment de ladite fomme de 1200 livres donnée audit fieur Comte de Morangiés, defquels billets la remife fera confentie audit fieur Comte de
Morangiés, en rembourfant par lui la fomme de 1200 livres à lui prêtée ;
de laquelle déclaration nous lui avons donné acte, & a figné en notre
minute. Après quoi ledit fieur Dupuis, en vertu defdits ordres, s'eft
chargé dudit fieur Liegeard Dujonquay, pour le conduire ès prifons du
Fort-l'Evêque, & a figné en notre minute. *Signé*, DUPUIS.

Et lefdits jour & an que deffus, ledit fieur Dupuis, en exécution des
ordres dont il eft porteur, nous a conduit la Dame Romain, avant veuve
Liegeard Dujonquay, à l'effet de recevoir fa déclaration au fujet de quatre billets montans à 327000 livres, foufcrits par M. le Comte de Morangiés, au profit de ladite veuve Veron, mere de la Comparante ; en
conféquence, & après avoir pris fon ferment de dire vérité, a dit fe
nommer Genevieve Françoife Gaillard, âgée de cinquante ans, native
de Paris, Paroiffe Saint Germain-l'Auxerrois, veuve en premieres noces
du fieur Louis Liegeard Dujonquay, Affocié du fieur Marie-François
Veron, Banquier à Paris, à préfent femme de Nicolas Romain, Officier Invalide, demeurant à Paris, rue Saint Jacques, près Saint Benoît ;
& nous a déclaré qu'il eft à fa connoiffance que le fieur Liegeard Dujonquay, fon fils, à l'inftigation de la femme Charmette, a entamé une
négociation avec M. le Comte de Morangiés, qui cherchoit une fomme
de trois cens mille livres, pour lefquelles il a fait quatre billets, montant enfemble à 327000 livres, payables en deux ans, y compris les
intérêts, à raifon de fix pour cent ; laquelle fomme de 300000 livres,
le fils de la Comparante comptoit lui faire trouver par une Compagnie.
Sait auffi la déclarante qu'*il n'a été donné audit fieur Comte Morangiés qu'une
fomme de 1200 livres*, & que lefdits billets, qui font au nom de la veuve
Veron, mere de la Déclarante, feront remis audit fieur Comte de Morangiés, en rembourfant par lui la fomme de 1200 livres ; de laquelle déclaration nous lui avons donné acte, & a figné en notre minute. Après
quoi ledit fieur Dupuis, en vertu des ordres, a arrêté ladite femme Romain, & s'en eft chargé pour la conduire ès prifons du Fort-l'Evêque,
& a figné en notre minute.

Si, comme on le prétend, ces pieces avoient été d'avance composées par la fraude, si on les avoit tenues toutes prêtes pour les faire signer aux Verons à leur arrivée, sans les leur lire, auroit-on fait deux actes séparés? Dans l'empressement d'arracher cet aveu qui pouvoit d'instant en instant échapper, ne se seroit-on pas hâté d'apposer les deux signatures sur le même papier? Se seroit-on d'ailleurs livré à tous ces détails qui les allongent & les embarrassent? Auroit-on été spécifier le nom du Propriétaire de la maison où demeuroient les Parties, & celui des Paroisses sur lesquelles elles sont nées, & l'association de Dujonquay pere avec Veron? Auroit-on sur-tout employé, en parlant de ce dernier, la qualité de *banquier*, qui donnoit de la probabilité à l'opulence de sa veuve?

D'où les auteurs de la fabrication auroient-ils pris ces matériaux qu'ils y faisoient entrer? Qui les leur auroit fournis? est-ce le Commissaire qui voyoit les Verons pour la premiere fois depuis une minute? Est-ce le sieur Dupuis, qui ne les connoissoit que depuis cinq heures? Est-ce le sieur Debruguieres qui avoit été chez eux le matin; mais qui, s'il avoit médité dès-lors la friponnerie dont ils le veulent rendre le principal instrument, ne se seroit pas amusé sans doute à prendre sur leur compte des renseignemens si puériles, qu'on ne pouvoit tirer que d'eux-mêmes, & qu'il n'avoit aucun prétexte, ni aucun intérêt pour leur demander? Enfin, est-ce le Comte de Morangiés, qui ne pensant qu'à ravoir ses billets, ne s'étoit certainement guere inquiété de l'endroit où avoient pu être baptisés des gens dont la conduite annonçoit si peu de scrupule?

Tout établit donc, tout prouve la naïveté de ces pieces; tout démontre qu'elles sont la pure & simple expression de deux cœurs accablés par le poids de la vérité, & qui donnant au repentir autant qu'ils avoient d'abord donné au crime, multiplioient les inutilités pour faire présumer leur innocence à venir, comme on avoit multiplié les questions pour déconcerter leur malversation passée : tout fait voir que si elles sont la *suite* des prétendues violences, elles n'en sont pas *l'effet*.

Et vous l'avez bien senti, vous, Juges, qui vous êtes gardés de vous méprendre sur le choix des mots. Vous avez senti qu'il étoit absurde de paroître croire que les mauvais traitemens les eussent produites, & de ne punir qu'une partie de ceux qui les auroient exercés, de ne les punir même que d'un *blâme* ou d'une

admonition. Vous avez fenti que s'il y avoit une connexité néceffaire entre la torture & les aveux, c'étoit bleffer la Juftice que
de ne pas impliquer dans la condamnation M.ᵉ le Chauve qui l'é-
toit indifpenfablement dans le crime confommé chez lui. Vous avez
fenti que fi les violences avoient été envifagées par vous comme
la fource néceffaire des rétractations, il étoit plus qu'inconféquent
à vous de ménager la malverfation du Commiffaire en anéantif-
fant le crime qui en auroit réfulté. Voilà pourquoi vous avez fait
un choix de termes qui, en préfentant l'idée des violences, écarte
cependant celle du crime.

Ci-devant, pour excufer la douceur de la peine prononcée
contre les agens de la Police, vous avez eu foin de ne leur pas fuppofer d'intention répréhenfible : de même ici, pour vous difpenfer de condamner le Commiffaire, vous avez feint de ne lui imputer que d'avoir été l'inftrument paffif d'un faux préparé hors de
chez lui & en fon abfence. Et pourquoi n'avez-vous pas voulu
condamner le Commiffaire ? C'eft que d'après la procédure, d'a-
près vos propres connoiffances, cela vous étoit impoffible ; c'eft
que les pieces qu'il a reçues ne font point attaquées dans la forme, & qu'au fond elles ne font point attaquables ; c'eft qu'il
auroit fallu faire le Procès à lui & à elles en regle ; c'eft que ce
Procès ne fourniffant aucun moyen pour les invalider, elles en
feroient forties triomphantes, & que l'impoffibilité de les annul-
ler auroit produit la néceffité d'en reconnoître la force.

Il n'y a pas une ligne de votre Sentence où l'on ne démêle cet
efprit de conciliation apparente qui veut, à quelque prix que ce
foit, perdre le Comte de Morangiés, fans cependant s'expofer
à une vérification trop approfondie des faits, qui entraîneroit la
conviction des Dujonquay. Le peu d'innocence que vous ne pouvez lui contefter, vous l'étendez au plus grand nombre poffible
des Parties impliquées dans la procédure ; & le peu de crime que
vous hafardez de lui fuppofer, vous le reftreignez au plus petit
nombre imaginable de complices ; & cette indulgence cruelle
n'eft pas un moyen de le favorifer, il s'en faut. En prodiguant les
juftifications, vous fauvez les Dujonquay ; en refferrant les condamnations, en adouciffant le délit qui les motive, il en refte
affez pour flétrir à jamais le Comte de Morangiés, pour vous autorifer à confommer fa ruine ; & cependant il n'y en a point affez, vous vous en flattez du moins, pour vous compromettre,
pour vous convaincre d'une partialité criminelle, pour exciter la
réclamation publique & privée. En diminuant la quantité des

coupables, vous vous êtes promis de diminuer celle des Adverfaires de votre Sentence; &, en mitigeant les peines, d'affoiblir l'intérêt qu'on pouvoit avoir à l'attaquer. N'a-t'on pas publié hautement dans Paris dès le lendemain que le Comte de Morangiés y adhéroit; que, content d'avoir fauvé fa tête de vos mains, il payoit avec fatisfaction l'argent que vous l'aviez, difoit-on, convaincu d'avoir reçu? ces bruits, d'où partoient-ils? ah! d'où ils partoient! du defir qu'ils fe vérifiaffent.

§. X I I I.

Recevons ladite femme Romain & ledit Dujonquay, Parties intervenantes : Ayant aucunement égard à ladite intervention & demandes, enfemble aux demandes dudit Gilbert, condamnons le Comte de Morangiés, & par corps, à payer à ladite femme Romain & audit Dujonquay, ès noms qu'ils procedent, la fomme de 299400 livres, faifant partie de 327000 liv. contenues aux quatre billets dont il eft queftion, & aux intérêts de ladite fomme, à compter du 30 Septembre 1771, jour de l'emprifonnement de ladite femme Romain & dudit Dujonquay.

Si les peines prononcées contre les agens de la Police & le Comte de Morangiés font les échaffauds de l'édifice; fi l'anéantiffement des déclarations en eft le fondement, en voici le corps. Nous touchons enfin au centre auquel tout tendoit, à l'argent, au tréfor très-réel, très-palpable que les Veron ont trouvé moyen de s'approprier en revendicant un tréfor imaginaire. Un Poëte a dit d'un joueur :

Sous fes heureufes mains, le cuivre devient or.

Ici la métamorphofe eft bien plus forte & bien plus miraculeufe. Dans la Sentence du Bailliage, c'eft le néant qui produit quelque chofe, & l'or y naît de rien. Sur cet article, comme fur les autres, les réflexions fe préfentent en foule: il faut choifir & fe borner.

Le premier objet qui frappe ici, c'eft l'intervention que la Sentence admet contre toutes les regles. J'ai prouvé à l'Audience & dans les Obfervations, qu'il ne pouvoit point y avoir d'intervention en matiere criminelle. J'ajouterai feulement que cette infraction n'a pu être faite ici aux axiomes confacrés par la Jurifprudence, que pour colorer celle qu'on vouloit faire à ceux de la Juftice. Il ne s'agiffoit que du Procès criminel, & on vouloit cependant prononcer fur le civil. Le Miniftere public feul accufateur, feul agiffant, n'avoit pas droit de conclure fur les intérêts privés des Parties : sans Conclusions, les Juges ne pouvoient rien adjuger, &il falloit pourtant qu'ils adjugeassent. Qu'a-t-on fait ? On a reçu les Dujonquay intervenans. Par-là, on a eu leur Requête au civil à répondre, on a eu un prétexte pour leur livrer leur proie.

Mais avant que de donner cette marque d'une excessive complaisance pour les Parties du Comte de Morangiés, les Juges ne devoient-ils pas examiner s'ils en avoient le droit ? Etoient-ils compétens pour prononcer sur le civil ? La forme n'est-elle pas blessée autant que la Justice par cette extension donnée sans autorité à leur pouvoir ?

D'où dérivoit ce pouvoir pour eux ? De l'Arrêt du 1er Avril 1772 ? Or, qu'ordonne cet Arrêt ? Que *sur la plainte de M. le Procureur Général du Roi & à la poursuite de son Substitut, il sera informé des faits d'escroquerie, abus de confiance, subornation de témoins, mauvais traitemens contre les Accusés qui y sont nommés*, pour être leur procès fait & parfait jusqu'à Sentence définitive. C'est donc le criminel seul dont l'instruction étoit confiée au Lieutenant-Général du Bailliage, nommé Commissaire en cette partie. Or, il est de principe qu'un Juge commis ne peut pas aller au-delà de ce que porte sa commission. Il est restraint rigoureusement dans les limites qui la constituent ; dès qu'il les passe, ce qu'il fait est nul.

Dira-t-on que l'Arrêt comprend dans l'instruction *lesdits faits avec leurs circonstances & dépendances ?* Dira-t-on qu'on y lit aussi que *sur le surplus des demandes, fins & conclusions des Parties, le Lieutenant-Général du Bailliage pourra statuer ?* Mais il est évident qu'aucune de ces deux phrases n'emporte la puissance illimitée pour le Juge du Bailliage, de confondre en sa personne deux Jurisdictions distinctes. Des pouvoirs pareils qui intervertissent le cours naturel des choses, & l'ordre hiérarchique des Tribunaux, ne naissent point d'une supposition ou d'une induction ; il faut qu'ils soient spécialement exprimés dans l'Arrêt ou les Lettres-patentes qui les créent, & tout Jugement prononcé sous prétexte d'une commission sur un objet qui n'est point expressément énoncé dans le titre qui l'établit, est un Jugement nul par essence.

On verra tout à l'heure que ce n'est pas la seule nullité de ce genre qui se trouve dans la Sentence du Bailliage, & que de tous les Juges qui l'ont rendue, il n'y en avoit qu'un seul qui eût droit

d'y

d'y concourir. Ce qui fait affurément la plus forte & la plus effentielle des nullités.

Mais enfuite quand les Juges auroient été compétens, les demandes, fins & conclufions qu'ils auroient eu droit d'adjuger, ne
feroient que celles qui étoient formées au moment de l'Arrêt. Or
celle des 299400 l. ne l'étoit point à cette époque ; elle ne l'a été
que depuis : l'Arrêt n'a donc pas conféré au Bailliage le droit
d'en connoître.

Enfin quand on pourroit fuppofer que ce droit qui ne réfulte
point explicitement de l'Arrêt, pour parler le langage des Ca-
fuiftes, s'y trouve implicitement compris ; quand à la faveur d'un
commentaire on parviendroit à rendre obfcur un fens qui eft clair
& précis, au moins cette permiffion indéfinie de ftatuer ne dif-
penferoit pas de fe foumettre aux formes en ftatuant. Or pour
adjuger une demande au civil, il faut qu'elle ait été expofée,
fignifiée, difcutée, qu'il y ait eu des défenfes fournies ou refus
conftaté d'en fournir. Ici a-t-on rien accompli de tout cela? Où
eft la fommation faite au Comte de Morangiés de reconnoître la
dette de 299400 liv. d'en payer le montant? Où eft la demande
en regle & le titre de cette créance? Ne pouvoit-il pas avoir
d'autres moyens pour l'écarter? Les Juges pouvoient-ils être fûrs
qu'il avouoit ces billets ; que ces billets n'avoient point quelqu'autre vice en eux-mêmes, que la fraude fur laquelle portoit
le procès criminel? Pourquoi fe hâter fi fort de condamner le
Comte fur une demande qu'il prévoyoit fi peu, qu'il n'a pas même
pris de conclufions pour la combattre?

Ce n'eft pas tout : voici une bien autre violation des formes
& une confufion bien plus étrange de tous les principes. Le Comte
de Morangiés eft condamné à payer 299400 liv. il y a donc un
titre contre lui? Ce titre, quel eft-il? Ce ne font pas les billets,
ils ne peuvent pas compofer cette fomme. Enfemble ils font au-
deffus, féparés ils font au-deffous.

Ce n'eft pas la preuve acquife au procès qu'il ait reçu les
299400 liv. non-feulement la Sentence ne le fuppofe pas, mais
elle en exclut l'idée. On l'a dit, le Comte n'y eft déclaré *atteint
& convaincu que d'avoir dénié le prêt, d'avoir autorifé par fa préfence des mauvais traitemens* dont l'objet étoit *d'extorquer des déclarations contraires à la réalité du prêt.* Les déclarations font au-

H

nullées comme étant *la fuite de ces mauvais traitemens ;* rien de tout cela n'emporte la conviction d'un prêt consommé de 299400 liv. rien de tout cela ne forme un titre en vertu duquel on puisse redemander au Comte précisément cette somme qui n'est contenue dans aucun écrit.

Et qu'on y prenne garde, ceci n'est pas une chicane, une subtilité. Si les Juges avoient simplement ordonné l'exécution des billets, s'ils avoient renvoyé les Dujonquay à se pourvoir devant les Tribunaux ordinaires, pour en demander le paiement à leur échéance, ou même ordonner le paiement de ceux qui étoient déjà échus, ils auroient commis une injustice ; mais ils auroient observé ces regles ; on auroit pu supposer que, subjugués par la force littérale des billets, ne trouvant point dans la procédure de quoi les anéantir, ils se seroient décidés à laisser aller les choses suivant le cours ordinaire, & que sans croire ni à l'innocence ni au crime d'aucune des Parties, ils n'auroient donné la supériorité dans le Jugement qu'à celle qui avoit l'avantage de produire en sa faveur des titres écrits que l'autre ne détruisoit pas suffisamment.

Mais ce n'est pas-là ce qu'ils ont fait. Ils écartent eux-mêmes les titres ; ils les jugent défectueux ; ils y dérogent ; ils en composent un nouveau qui n'existe point au procès ; & c'est sur cette chimere créée par eux qu'ils condamnent le Comte, c'est ce fantôme de leur fabrique auquel ils veulent le contraindre de donner une existence réelle ! Ce n'est plus ici méprise, ce n'est plus ignorance. Qu'est-ce donc ; je le demande au lecteur ?

Mais, diront-ils, nous ne pouvions pas adjuger aux Dujonquay plus qu'ils ne demandoient. Ils se restraignoient aux 299400 liv. que nous leur avons données. Pouvant redemander, suivant les titres, 327000 l. ils en ont retranché 27600 l. N'est - ce pas-là un préjugé qui autorise à présumer bien favorablement de la naïveté de leur ame & de la vérité de leur répétition ?

D'abord n'auriez-vous pas dû sentir que cette candeur apparente étoit forcée, & que les Dujonquay ne consentoient à ce petit retranchement que pour sauver le reste ? S'ils avoient pu se flatter de persuader à qui que ce fût qu'ils avoient eu la générosité de prêter au Comte la somme entiere sans intérêt, ne voyez-vous pas qu'ils l'auroient redemandée entiere ? Mais comme cette absurdité leur a paru à eux-mêmes révoltante, quoique le succès de toutes les autres qu'ils ont hafardées depuis prouve qu'ils auroient pu impunément y joindre celle-là de plus, ils fe font fait un mérite de la fupprimer ; ils ont affecté d'être les premiers à publier qu'ils ne répétoient que cent mille écus ſtrictement ; & afin d'ajouter encore à cette modération une petite particularité plus touchante , ils ont compris dans la diminution les 600 liv. abandonnées , difent-ils, au jeune porteur des efpeces pour fon droit de courtage.

Il eſt vrai qu'il eſt ridicule de fuppofer que le Comte de Morangiés ait fongé à offrir 25 louis au fils de la propriétaire de cent mille écus, à l'héritier de ces richeſſes ; il eſt incroyable que le jeune homme les ait reçues ; que fe deſtinant à un office élevé, à la Magiſtrature, comme on l'a fi noblement foutenu , il ait accepté un pour-boire après fes courfes ; mais enfin tout le reſte de cette hiſtoire eſt fi puérile , toutes les anecdotes dont elle fourmille font fi révoltantes, que celle-là n'a rien d'extraordinaire. Si l'on admet que la veuve d'un homme, mort infolvable *, a pu recevoir d'un autre homme , mort infolvable auſſi *, 260000 liv. que l'indigence du premier avoit confiées à la détreſſe du fecond ; que ce tréfor oublié trente ans a reparu juſtement quand le Comte de Morangiés en a eu befoin ; qu'un Cocher s'eſt trouvé là précifement quand on le comptoit fur une petite table , à un troiſieme étage , pour aider à le divifer en petits facs , & encore quand on le tranſportoit pour certifier la vérité du tranſport ; que celui à qui il devoit appartenir un jour, s'eſt condamné à parcourir à pied dans une matinée, chargé d'un très-lourd fardeau, pluſieurs lieues , uniquement par obéiſſance pour un caprice de celui à qui il livroit fon argent , on peut croire auſſi qu'il en a reçu une gratification.

Je le répete, fi les Dujonquay avoient pu foupçonner qu'il y eût des efprits aſſez crédules pour que ce tiſſu d'extravagances fît des partifans & des enthoufiaſtes, ils n'auroient pas facrifié ainfi la douzieme partie de leurs efpérances à la crainte de n'être pas cru fur le fait de leur générofité ; & comme les Gilbert , les Tourtoura, les Aubourg , ofent bien foutenir que c'eſt le défintéreſſement le plus noble qui les attache à l'affaire , ceux qui les mettent en œuvre publieroient auſſi qu'en prodiguant leur or au Comte de Morangiés ils n'ont eu en vue que le défir pur & fublime d'obliger un homme de condition & de relever une famille illuſtre.

Mais alors ils n'étoient pas encore fi aguéris ; ils fe font donc hâtés de publier qu'ils n'avoient fourni que les onze douziemes de

H ij

* Veron.
* Chotard.

la fomme portée aux billets. C'étoit, fuivant eux, un moyen de donner un peu moins d'improbabilité au refte de la fable ; & pour qui n'avoit rien fourni du tout, c'étoit un bénéfice affez riche que cent mille écus moins 600 livres.

Cette feule réflexion ne fuffifoit-elle pas pour vous faire fentir , combien il falloit peu vous arrêter à ce retranchement apparent ? & s'il vous paroiffoit une raifon fuffifante pour ne pas ordonner le paiement entier des billets, fon motif & tout le refte de la procédure ne jettoient-il pas affez de lumiere fur la Caufe pour vous engager à anéantir les billets eux-mêmes, en vous fuppofant comme vous l'avez cru, le droit de ftatuer fur le civil ?

La Loi vous en faifoit une néceffité. Ce qui réfulte de cet aveu, tout fufpect, tout frauduleux qu'il étoit dans le principe, c'eft que ces billets font ufuraires ; le capital n'eft point aliéné, & produifoit des intérêts ; cet intérêt eft compris en-dedans ; il excede le taux du Prince ; d'ailleurs étant ainfi confondu dans le capital , il produit des intérêts lui - même ; il devient, avant que d'être échu , un fecond capital exigible auffi.

Or nos Loix profcrivent févérement cette efpece de trafic, dont le motif n'eft jamais bien pur. L'Ordonnance de Blois, article 202, en annulle les titres, les met au rang des délits qu'elle punit corporellement; des Arrêts de Réglement modernes ont rappellé & obfervé cette rigueur ; l'un, du 29 Juillet 1745 , déclare *nuls* comme ufuraires des billets, lettres de change, tranfports foufcrits par des majeurs au profit d'un nommé Pierre Colomb, & ordonne que les débiteurs ne feront tenus d'en payer que ce qu'ils affirmeront réellement devoir. L'autre encore plus récent, du 27 Août 1764, ordonne l'exécution des anciens Edits & Réglemens, notamment de l'art. 202 de l'Ordonnance de Blois, & fait défenfes à toutes perfonnes de prêter à intérêt des deniers non aliénés, à peine de nullité defdits prêts, & de punition corporelle. Il y en a mille dans notre Jurifprudence qui ne permettent pas d'élever le moindre doute à cet égard.

Je fais bien que l'ufage du commerce a prévalu ; je fais que s'il s'agiffoit d'un prêt réel fait de bonne foi ; fi un Négociant, ou même un autre particulier muni d'un titre non fufpect, effuyoit de fon débiteur un refus de payer ; fi celui-ci traduifoit le créancier devant les Tribunaux, & que fans autre motif que la violation de la Loi, fans moyen d'aucune efpece que fa réclamation, fans pouvoir ébranler la vérité du prêt, il foutínt que les billets doivent être annullés, & la dette écrite reftreinte fur fa feule déclaration verbale, il feroit éconduit. La faveur due à la bonne foi prévaudroit fur la rigueur des regles ; les Juges pourroient peut-être prendre fur eux de les laiffer dormir ; la grande confidération du danger d'autorifer l'infidélité pourroit l'emporter à leurs yeux fur la grande confidération du rifque qu'il y a à interpréter les Loix.

Mais ici, quelle différence ! C'eft un prêt chimérique, un prêt impoffible ; c'eft une créance criminelle dans fa fource ; bien loin qu'il y eût du danger à la profcrire, il n'y en a qu'à l'admettre.

On nous crie que fi les billets du Comte font annullés, le Commerce eft perdu ; & moi je dis que s'il eft contraint à les payer, toute confiance dans la négociation des effets eft détruite. Si les Dujonquay font récompenfés de l'audace qu'ils ont eue de s'approprier un papier qui n'a paffé dans leurs mains que pour en fortir ; s'ils reçoivent le prix du complot odieux qu'ils ont formé de fe métamorphofer d'agioteurs fubalternes en propriétaires opulens, il n'y a point d'homme adonné au même emploi qui ne foit tenté d'en abufer, point de Négociant, de Banquier qui n'ait à trembler de voir fes effets circuler, s'il n'a des déclarations précifes que la valeur n'en a point été fournie.

Dans de pareilles circonftances, le Comte de Morangiés eft-il blâmable de revendiquer l'obfervation littérale de la Loi ? & la Juftice peut-elle fe difpenfer de l'ordonner ? Or d'après la Loi, d'après les Arrêts, les billets font nuls, & la feule affirmation du Comte eft admiffible.

Non-feulement l'abandon des 27000 livres d'arrérages démontroit l'ufure & forçoit les Juges à profcrire les titres qui en étoient infectés ; non-feulement ils ne devoient point s'arrêter à ce facrifice apparent qui n'étoit qu'une preuve de plus de la réalité du complot; & c'eft de leur part une très-grande méprife, que d'y avoir attaché tant d'importance : mais il femble qu'ils aient eu du regret de voir les Dujonquay renoncer volontairerement à une fi groffe portion de leur bénéfice, & qu'ils fe foient crus engagés d'honneur à les indemnifer ; c'eft ce qu'ils ont fait en condamnant le Comte à payer les intérêts de 299400 livres, non pas fuivant les termes portés aux billets, mais à compter du 31 Septembre 1771.

Par-là dès-à-préfent il eſt dû aux Verons 25000 livres d'arrérages pour vingt mois ; & ſi le procès en duroit ſeulement encore quatre, ils auroient droit à 30000 livres. Deſorte qu'ils auroient reçu de la Juſtice du Bailliage du Palais plus qu'ils ne pouvoient attendre de l'uſure à laquelle ils ſemblent renoncer ; car
celle-ci, dans le même eſpace de tems, ne leur produiſoit que
27000 livres.

Y a-t-il donc jamais eu un renverſement plus étrange de toutes
les regles de la Juſtice & même du ſens commun ! Et de qui les Juges
du Bailliage ont-ils reçu le droit ou la hardieſſe de les violer ainſi ? Depuis quand des Tribunaux peuvent-ils, à leur gré, déroger
à des conventions fixées entre les Parties ? En ſuppoſant les billets
valables, que pouvoit-on faire de plus que d'en ordonner l'exécution ? Alors il s'en trouveroit un qui n'eſt pas même encore échu.
Dans la plus grande de toutes les rigueurs le Comte de Morangiés ne ſe trouveroit donc redevable que des trois autres qui ne
feroient enſemble que 224000 livres. Il ne pourroit être tenu des intérêts que proportionnellement au tems qui s'eſt écoulé
depuis l'échéance de chacun ; & voilà que des Juges, des Juges
Juriſconſultes viennent tout confondre, tout bouleverſer. Ils or-
donnent le paiement d'une ſomme qui n'eſt pas encore due ; ils
autoriſent à percevoir des intérêts pour une créance dont le terme
eſt encore éloigné. Traitant une ſociété d'uſuriers plus favorablement qu'elle ne s'eſt traitée elle-même, ils lui prodiguent un
lucre qu'elle n'a oſé s'approprier ; & le fruit de leur crime, c'eſt
de recevoir tout à la fois des mains de la Juſtice, & plus d'argent
qu'il ne leur en auroit produit, & l'abſolution.

Enfin ce n'eſt pas encore tout. Cette reſtitution qui feroit toujours inique parce qu'elle feroit anticipée, quand le Comte de
Morangiés auroit en effet reçu, les Juges y joignent la contrainte
par corps. Mais encore une fois, avoient-ils donc oublié tous les
principes uſuels de la Juriſprudence & les plus triviaux ? Qui
ignore au Barreau que les billets à ordre n'engendrent point cette
eſpece de contrainte, ſinon entre Marchands publics ? Les livres
ne ſont-ils pas pleins d'Arrêts qui conſacrent cet axiome ? Quel
a donc été le motif des Juges pour le méconnoître ?

Oh ! diront-ils, notre motif ? il eſt bien ſimple. C'eſt que ce

n'eſt pas ſur les billets que nous avons jugé le Comte, c'eſt ſur
ſon crime.

Je vous entends. Vous avez donc la preuve de ce crime? En
ce cas, pourquoi ne le déclarez - vous coupable que de l'avoir
nié? Pourquoi ne le puniſſez-vous que de la plus légere de toutes
les peines? Car, pour un homme de ſon rang & de ſa délica-
teſſe, la perte de l'argent n'en eſt pas une. Vous êtes comptables
à la Société de l'exemple que vous avez manqué de lui donner.
Si dans le reſte de votre Sentence on ne voyoit pas trop clairement que ce n'eſt pas l'indulgence qui a déſarmé vos mains; s'il
n'étoit pas démontré que vous ne vous êtes refuſé à aucun des
moyens de perdre le Comte, & que vous avez écarté tous ceux
de le ſauver, le Miniſtere public devroit vous prendre à Partie
ſur le ſeul fondement de cette douceur ſcandaleuſe.

Mais, non, vous ne l'aviez point la preuve de ce crime : ſi
vous l'aviez eue, vous en auriez fait uſage; vous l'auriez publiée
avec tranſport, bien loin de la cacher. Et combien elle vous auroit épargné de peines, ſi elle avoit pu réſulter du Procès! De
combien d'embarras, de fatigues elle vous auroit diſpenſés!

Au lieu de ce labyrinthe tortueux de petites diſpoſitions toutes
relatives, & pourtant toutes oppoſées ; au lieu de cette combi-
naiſon accablante d'intérêts tous ménagés, & pourtant tous ſoi-
gneuſement ſubordonnés à l'intérêt principal qui devoit dominer;
au lieu de ce choix ſcrupuleux des termes qui puſſent faire ſoupçonner le crime ſans l'annoncer, & juſtifier en apparence l'extorſion judiciaire des cent mille écus faite au Comte, ſans décider
nettement ſi la réalité de l'extorſion clandeſtine dont il eſt accuſé étoit conſtatée ; il étoit bien plus ſimple, bien plus commode,
bien plus beau de prononcer, *atteint & convaincu d'avoir excroqué le
montant des billets mentionnés au Procès, pour réparation de quoi
le condamnons aux Galeres, à la roue.* L'excès de la peine étoit
la meſure de l'approbation publique. Tout étoit dit ; la plume me
tomboit des mains : les partiſans du Comte de Morangiés alloient
dans le ſilence de l'ignominie & du déſeſpoir pleurer leur triſte mépriſe ; ce prononcé qui auroit produit de ſi grands effets, ne vous
auroit coûté qu'une minute. Il a fallu une ſéance de vingt-une
heures ſans interruption, pour arranger, pour fabriquer l'autre, &
dont l'art ni le tems n'ont pu maſquer les défauts.

Vous n'avez donc pas trouvé dans la procédure de quoi fonder le premier; & si dans l'état où elle est; si malgré les violences faites aux témoins ; si malgré les menaces dont ils ont été accablés; si malgré les décrets injustes, les opprobres atroces, les mauvais traitemens sans nombre auxquels ils ont été exposés; si malgré les facilités de toute espece prodiguées aux Veron (1) ; si malgré des manœuvres qui passent tout ce qui précede, & dont la preuve se fera dans l'addition d'information qui est indispensable, il vous a été impossible de tirer de celle qui est faite de quoi convaincre le Comte de Morangiés , quel terrible préjugé s'éleve contre la Sentence & contre tout ce qui a précédé !

Résumons-nous sur cet article. Il réunit tout ce qu'il est possible d'imaginer de contradictions & d'irrégularités. Les Juges ne sont pas compétens : les titres réels sont mis à l'écart; on prononce sur un fondement chimérique ; on rend exigible sur le champ une créance qui n'est point à terme ; on adjuge pour une somme qui n'est pas échue en entier des intérêts supérieurs à l'usure même, que l'on feint de ne vouloir pas tolérer. On surcharge le tout d'une condamnation par corps qui répugne à la nature même de la dette, en la supposant prouvée. Enfin, tout ce qui existe, tout ce qui est réel est négligé ou méprisé. Les Juges n'accueillent qu'une chimere , & la Cause sur laquelle ils statuent, n'est pas celle qui est renvoyée devant eux: c'en est une qu'ils ont fabriquée arbitrairement. Voilà une partie de ce que j'ai à dire sur cet article ; je n'en tire pas encore les conséquences, je les réserve pour un autre tems ; elles seront la justification de la prise à Partie , comme tout le reste en sera le motif.

---

(1) En voici une : La Loi défend que les procédures criminelles soient communiquées aux Accusés. Cette Loi a le sort de toutes celles qui outrent la rigueur, celui de n'être pas exécutées ordinairement. Elle ne fait que forcer à ajouter à l'infraction de la regle une prévarication ; il en coûte de l'argent, mais avec cette ressource on se procure ce qu'on ne devroit point avoir. Ici, elle a été exécutée à la rigueur envers le Comte de Morangiés. Les procédures ont été impénétrables pour lui ; il n'en a pas été de même envers ses Adversaires; les minutes en ont été remises dans les mains d'Aubourg & de Dujonquay ; elles ont été copiées pour eux ; le Comte de Morangiés est en état de dire où & par qui. Par ce seul trait qu'on juge des autres.

§. X V.

§. XVI.

Permettons auxdits femme Romain, Dujonquay & Gilbert de faire écrouer & recommander ledit Comte de Morangiés & Debruguieres, pour sûreté desdites condamnations.

Nous avons vu jusqu'ici des choses bien révoltantes ; nous avons eu à reprocher aux Juges un oubli absolu des principes de la Jurisprudence, un mépris inconcevable des **Loix** & des usages : voici qui est au-dessus de tout.

Une maxime établie par la raison, recommandée par l'humanité & scrupulement respectée par les Tribunaux, c'est de n'admettre, sur ce qui concerne la liberté des Citoyens, ni fraude, ni surprise. Quand la Justice se décide à les en priver, elle ne souffre pas que les Officiers chargés de ce ministere rigoureux emploient le moindre artifice pour en assurer le succès : s'il est prouvé qu'on ait eu recours à cette ressource, les coopérateurs sont punis, & les liens du prisonnier sont rompus.

Il y a plus : elle ne souffre pas même que les rigueurs en ce genre soient cumulées ou confondues ; elle ne souffre pas, quand un débiteur est arrêté sur le soupçon d'un délit, que les créanciers profitent de son malheur pour s'épargner les frais d'une Sentence, ou de ce qu'on appelle une *capture* ; elle rougiroit de se prêter à cette vile & cruelle économie. Elle commence par vuider la question de l'innocence du captif ; elle lui rend la liberté s'il la mérite ; & s'il ne peut pas en profiter, c'est en raison de poursuites étrangeres, de condamnations absolument distinctes, séparées de celle qui l'a d'abord conduit dans les prisons. Rien n'est si sage que cette Jurisprudence ; & il n'est pas besoin d'y réfléchir beaucoup pour sentir combien elle est précieuse à l'ordre public.

Maintenant ici que se passe-t-il ? Le Comte de Morangiés est décrété & chargé de fers pour une cause d'un genre tout différent de la créance de Dujonquay. Il est, dit-on, soupçonné d'avoir suborné des témoins. On l'emprisonne : à la bonne heure : mais aujourd'hui vous êtes forcés de le déclarer innocent. Vous ne pouvez vous dispenser de convenir que le décret étoit injuste ; vous décidez que son écrou sera rayé & biffé. Il va donc sortir ? Non.

I

Euridice près de revoir la lumiere n'eft pas plus fubtilement ravie à l'imprudence amoureufe de fon époux par les exécuteurs des vengeances infernales , que le Comte ne l'eft par vous à la Juftice qui s'avance pour le tirer des cachots. Son écrou fera rayé , mais vous remettez fur le champ la plume dans les mains des Dujonquay pour en tracer un autre. En vous jouant ainfi de fon innocence , de fa perfonne , de fon honneur ; vous prolongez fon défefpoir & celui de fa famille ; vous enhardiffez la confiance fcandaleufe de fes ennemis ; vous confirmez fur lui la flétriffure du crime à l'inftant même où la force de la vérité vous réduit à confeffer qu'il n'eft pas criminel.

Qu'un créancier impatient & barbare eût commis cette méprife , on n'en feroit pas étonné ; qu'inftruit des faits , voyant bien que la ridicule accufation de fubornation ne pouvoit pas fe foutenir , & que le Comte alloit enfin revoir le jour , il eût effayé de mettre obftacle à fa fortie pour des intérêts civils ; il n'auroit fait qu'une imprudence inutile & déshonorante ; la Juftice indignée auroit brifé cette infame barriere , & le Comte triomphant auroit été rendu à fes parens qui le pleurent, à fes amis qui le juftifient par leur attachement , à fon ordre qui l'abfout & le réclame , à la fociété entiere qui a intérêt de le recouvrer.

Mais que ce foient des Juges qui recommandent une prévarication pareille ; que ce foient eux qui en fourniffent le moyen ; qu'ils fouffrent qu'on puiffe les foupçonner d'être les complices d'une trahifon fi criminelle ; qu'ils s'expofent volontairement au reproche d'avoir tendu de leurs mains un piege à l'innocence , & d'avoir fait pour la perdre ce qu'on ne feroit pas excufable de hafarder pour la fauver, le cœur à cette idée fe fouleve ; on frémit d'indignation, on pleure de pitié ; on ne fe confole, on ne fe raffure que par l'efpérance de voir enfin tant d'attentats punis , & la fociété entiere qu'ils compromettent vengée avec éclat.

Cette manœuvre n'eft-elle pas l'indice le plus convaincant que la détention du Comte & tout ce qui l'a précédé eft le fruit d'une intrigue fecrete ? On vouloit le fequeftrer ; on craignoit l'impreffion de fes difcours , de fa fermeté. On redoutoit cet empire qu'a fur les cœurs honnêtes l'ingénuité d'un homme innocent ; on vouloit, à quelque prix que ce fût , le mettre hors d'état de fuivre & de folliciter par lui-même fon Procès.

Auffi , dès le commencement, on envenime contre lui la mauvaiſe volonté de quelques-uns de ſes créanciers , entr'autres d'un ſieur Monvoiſin déjà vendu à ſes ennemis. Pendant deux mois entiers , la rigueur de leurs pourſuites tient le Comte preſque priſonnier. Pour ſe rendre au Palais & ſubir ſes interrogatoires , il étoit obligé de prendre un ſauf-conduit du Juge.

Sa famille , convaincue du tort que lui fait cette cruelle inaction, ſe remue, s'épuiſe. Cette famille , ſi horriblement injuriée , ſi indignement compromiſe , ſe prive de tout , renonce à tout. Equipages , chevaux , meubles . . . . le cœur me ſaigne en le diſant , tout eſt vendu. Le pere ſeptuagénaire , les ſœurs accablées de douleurs, les freres réduits au déſeſpoir & chargés d'un oprobre ſi peu fait pour eux, ſe privent même du néceſſaire ; on fait enfin une ſomme modique ; la Direction même s'émeut : elle donne une proviſion : les créances dont on abuſoit s'éteignent ; le Comte eſt libre ; il va vaquer à ſon Procès : ce ne ſera pas pour long-tems.

On ſéduit la fille Hériſſé. Gilbert , le Concierge , le Marquis Aubourg abuſent de ſa foibleſſe ; l'eſpérance de ſa grace & d'une ſomme d'argent la perſuadent. La tendreſſe de ſa mere lui donne une complice excuſable , ſi la complaiſance pour une manœuvre auſſi horrible pouvoit l'être : on charge le Comte. De quoi ? Du plus puérile, du plus fou de tous les crimes, d'avoir ſéduit des témoins dont il n'avoit pas beſoin. Et comment prouve-t-on la ſéduction ? Par une lettre qui apprend ſeulement qu'on lui a demandé de l'argent qu'il n'a pas donné, par la dépoſition d'une femme qui prétend avoir reçu de lui : combien ? 54 livres en pluſieurs fois ; éclaircit-on même l'objet de cette prétendue généroſité ? Le Juge a-t-il ſoin de s'aſſurer ſi elle a eu pour but de corrompre le témoin ? Il s'en garde bien ! S'il l'avoit fait, la Hériſſé auroit ſans doute répondu dès ſon interrogatoire , comme elle l'a fait aux confrontations ; elle y a toujours ſoutenu fauſſement que le Comte lui avoit donné les 54 livres , mais ſur ſes interpellations elle a ajouté qu'il ne lui avoit jamais recommandé que de dire la vérité. Ainſi dans ſon interrogatoire on s'eſt borné à recevoir d'elle le fait ſuppoſé, en évitant d'entrer dans aucun détail. On s'empreſſe d'écrire qu'elle dit avoir reçu de l'argent du Comte, & on ne s'informe pas même à quelle intention.

Sur de ſemblables indices, on rend plainte ; on décrete le Comte, on l'empriſonne : tout cela eſt fait en deux jours.

Il demande ſa liberté proviſoire. On ſe ſouvien de tout ce qui s'eſt paſſé alors , & dont le fruit eſt de faire échouer ſa demande.

Enfin arrive le Jugement définitif ; il eſt reconnu innocent de cette extravagante chimere , qui n'étoit criminelle que de la part de ſes Accuſateurs. Il ſemble que rien ne s'oppoſe à ſa délivrance ; & cependant elle n'aura pas lieu. Les Juges eux-mêmes appellent les Dujonquay ; ils leur enjoignent de ſe préſenter ſur le ſeuil de ſa priſon , & d'en repouſſer le guichet au moment où il s'ouvrira pour rendre leur victime au jour. Ils arment ces mains coupables du titre qui devoit être donné contre elles ſeules , & l'innocence conſternée recule avec effroi dans ce gouffre où ſes Adverſaires devoient être plongés.

Lecteurs ſenſibles ! ames honnêtes ! Citoyens qui avez quelque choſe à perdre , je le répéterai toujours , méditez ſur cet effrayant tableau.

<h2 style="text-align:center">§. X I X.</h2>

Ordonnons que les Mémoires imprimés du Comte de Morangiés feront & demeureront ſupprimés.

Grace aux Juges du Bailliage , c'eſt donc nous qui avons écrit des libelles ; grace aux Juges du Bailliage , c'eſt nous qui ſommes des diffamateurs. Les Ecrivains ſoudoyés d'eſpérance par la cabale de Dujonquay , ou alléchés par l'eſpoir de tirer un petit lucre de l'avidité publique pour les plus dégoûtantes rapſodies, dès qu'elles annoncent quelque fiel , quelque venin , ſont des Défenſeurs reſpectables qu'il n'eſt pas permis de toucher. A cet égard , faiſons quelques réflexions qui ne ſeront point déplacées.

Les libelles ſont un des plus grands fléaux de la ſociété ; c'eſt une maniere d'aſſaſſiner contre laquelle il n'y a point de défenſes. L'invention de l'Imprimerie en a multiplié le danger & facilité le ſuccès. Le monde eſt plein de ſots qui n'ont jamais ſu réſiſter à un imprimé que quand il eſt conforme à la raiſon. Leur foi docile à l'excès pour tout ce qui eſt abſurde & préſenté avec audace, ſe roidit invinciblement contre la vérité naïvement, modeſtement expoſée ; & ſi l'extravagance qu'ils adoptent peut compromettre un Grand, ſi au penchant qui les porte toujours à embraſſer une chimere ridicule ſe joint la ſatisfaction orgueilleuſe de paroître s'élever au deſſus de la différence des rangs, de protéger le pauvre , d'attaquer l'autorité ou les gens en place , alors leur crédulité ne connoît plus ni frein ni bornes. La perfuafion chez eux fe change en enthoufiafme, & bientôt en une véritable rage contre quiconque a le malheur de ne la point partager.

Voilà pourquoi les libelles font une arme fi utile dans tout ce qui eft affaire de parti, & pourquoi fouvent ils donnent même naiffance aux partis. Je n'ai pas befoin d'en citer des preuves, ni de m'arrêter à faire voir combien par cela même la Juftice doit être attentive à réprimer ces excès, à éteindre ces flambeaux qui portent l'incendie dans la fociété, & caufent des ravages, dont cent ans de foins, & même une éternité de fecours ne peuvent effacer toutes les traces.

S'il y a jamais eu une affaire dans laquelle cette réflexion ait dû être préfentée, c'eft celle-ci. Ce font les libelles feuls qui ont conduit le Comte de Morangiés où il eft. C'eft une chofe bien remarquable que chaque époque intéreffante de la procédure ait été fignalée par une production de cette efpece. La veille de l'Arrêt du 11 Avr. 1772, on a diftribué une petite fatyre, fignée *Lacroix*, petite par fon volume, & monftrueufe par fon atrocité, cette brochure où étoient confignés deux faits dont il n'avoit pas été queftion un inftant dans la Caufe, celui d'une montre volée & d'un billet fait au profit d'un fieur Paté, dont le Comte de Morangiés avoit, difoit-on, nié fauffement d'avoir reçu la valeur.

La preuve contraire à ces calomnies avoit été remife le foir au Miniftere public, qui n'a pu s'empêcher d'en faire mention le lendemain à l'Audience : mais la délation étant écrite, & la réfutation verbale, celle-ci a été oubliée, l'autre a été crue. Si j'avois écrit pour la détruire, on m'auroit dit ce qu'on a crié avec tant de fureur au fujet des *Obfervations* : vous revenez fur une chofe jugée ; vous écrivez contre un Arrêt ; attendez le Jument. Il a donc fallu cette premiere fois attendre, fe voir calomnier paifiblement, & laiffer faire à l'impofture un progrès qui a nui peut-être au Comte de Morangiés plus que tout le refte.

Beaucoup d'honnêtes gens le croyant convaincu des ces deux faits faux, n'ont pas eu de peine à le foupçonner d'un autre ; on les a toujours reproduits depuis, & c'eft l'arme à l'ufage de quelques beaux-efprits, de quelques foi-difans Philofophes, de quelques conteurs d'anecdotes, qui fe font, dit-on, un amufement, ou un métier férieux de protéger les Dujonquay.

Quand, le fieur Monvoifin & fon affocié étant payés, on a fenti

qu'il falloit une autre reffource pour fuppléer à leur utile acharnement, & priver le Comte de fa liberté ; quand l'infame projet de la
plainte en fubornation a été conçu, arrêté, décidé entre les complices, & qu'on a cru avoir befoin d'y donner une efpece de paffe-port,
qu'on s'eft cru obligé de réveiller l'effervefcence publique, de
livrer de nouveau le Comte de Morangiés à l'infamie, afin de pré-
venir la furprife où l'on pourroit être de le voir fi durement traité,
une feconde fatyre s'eft produite ; on a vu éclorre les *preuves démonftratives* , où les faits de la montre & du billet denié ont reparu avec cent autres non moins faux, non moins calomnieux.

Le Comte a été en conféquence mis en prifon.

Il a demandé fa liberté. On a difcuté fa demande avec appareil.
Alors on n'a point imprimé de libelles ; ils ont été lus à l'Audience,
& n'en ont pas moins produit leur effet.

Inftruit par l'expérience du paffé, combien le filence pouvoit
être dangereux, j'ai donné mes *obfervations* ; fi l'on n'avoit voulu
qu'y répondre, fi l'on avoit eu des chofes vraies à y oppofer, on
fe feroit hâté de le faire. L'impreffion qui en a réfulté étoit affez
vive pour qu'on s'empreffât d'effayer de la détruire. On ne pouvoit
pas nous foupçonner d'avoir voulu profiter des circonftances,
puifque nous les donnions immédiatement après un Arrêt en
partie défavorable pour nous, & long-tems avant un Jugement
dont tout nous faifoit affez préfumer la lenteur. Pendant fix femaines nos Adverfaires font reftés immobiles ; mais quand ils ont
été inftruits que le Jugement du Bailliage approchoit ; quand ils
ont été informés que la Sentence fe préparoit, alors pareils à ces
joueurs adroits qui placent à propos les avantages dont les regles
de certains jeux permettent de difpofer comme on le veut, ils ont
imprimé un libelle dont notre langue n'offre peut-être pas
d'exemple, quelque féconde qu'elle foit malheureufement en ce
genre de productions, c'eft celui dont j'ai parlé en commençant.

Il eft divifé en deux parties ; la premiere femble être deftinée
à la difcuffion de l'affaire ; elle n'eft cependant employée qu'à
la diffamation la plus cruelle contre tous ceux qui y ont eu part.
La Nobleffe en général, les Officiers qui ont concouru à recevoir
les déclarations des Verons, le Marquis de Morangiés pere, les
témoins qui ont rendu hommage à la Juftice en faveur du fils,
font outragés nommément avec une indignité dont l'idée ne s'é-
toit encore préfentée à perfonne. Un de ces témoins, homme de

qualité, y est désigné par son nom propre, p. 38, & qualifié *fils d'un Marchand de bœufs de Limoges*, à qui l'on vient d'intimer la défense de paroître dans des jeux publics, parce qu'il n'est pas même assez bonne compagnie pour les tripots. On y lit, page 28, ces propres termes en parlant de M.° le Chauve, Officier respecté par ses talens & cinquante ans de probité. *Et en effet, quel individu honnête peut sans frissonner songer qu'il habite le même séjour qu'un le Chauve, lequel, à la sollicitation du premier homme accrédité, l'enverra chercher sous le beau semblant d'une médiation, & saura bien, le poignard sur sa gorge, le forcer à signer sa ruine ou son déshonneur.* On lit, page 56, *M. de Morangiés est un homme de qualité; & bien c'est un frippon de qualité.* Et page 65, *le sieur de la Molette de Morangiés est-il donc un descendant des Duguesclin, des Thoiras, des la Noue, ou de quelques-uns de ces braves héros, l'honneur & la gloire de la Nation Françoise? Est-il le fils d'un Bayard, Chevalier sans peur & sans reproche, qui se jette dans Mezieres pour la garder contre une armée de quarante mille homme, & disoit qu'il n'y avoit point de place foible là où il y avoit des gens de cœur pour la défendre.* OH NON, C'EST LE FILS DE CELUI QUI A DÉFENDU MINDEN. Et page 67, *qu'on se rappelle qu'il y a aujourd'hui deux sortes de Noblesse, l'une vertueuse, qui fait la force & la splendeur de l'Etat, & l'autre composée d'une troupe d'individus livrés à toutes leurs passions, contractant des dettes de toutes mains, fléaux des Marchands, jouets & ressources des sangsues de l'intrigue, & qui toujours trompeurs trompés, achetant cher pour vendre à bon marché, appellent cela entendre les affaires. On ne dira pas que le Comte de Morangiés mérite d'être rangé dans la premiere classe.* Et à la suite de ce passage scandaleux, on réveille les faits de la montre, du billet de Pâté : on en reproduit de nouveaux que l'imagination des Associés a controuvés depuis.

La seconde partie est toute entiere contre moi. Mes ouvrages, ma personne, mes mœurs, l'intérieur de mon ménage & de ma vie, y sont exposés à une inquisition dont rien n'égale l'indécence & la fureur. Voici entr'autres un des passages qu'on y lit, p. 8 & 9 :
« Tout montre que le coupable est celui que vous défendez. Et une
» preuve de cette vérité, preuve frappante que j'ai négligée dans ma
» réponse à M. de Voltaire, c'est vous-même qui me la fournissez.
» Du moment où le Comte de Morangiés fut accusé, il perdit toute
» espece de crédit. Qui auroit voulu hasarder de lui confier quelque chose ? Cependant depuis ce tems-là vous n'avez cessé de

» plaider ou de crier en fa faveur. Vous avez écrit pour lui plus » de 200 pages grand *in*-4°. dans lefquelles on peut compter a u » moins un millier de gros mots & je ne fais combien de fauf- » fetés brochant fur le tout. A préfent perfonne n'ignore la dé- » penfe énorme qu'eft obligé de faire Me Linguet, Avocat très- » illuftre, forcé de proportionner fon train à fes talens, tenant » maifon fuperbe à la ville & à la campagne, ayant équipage, » nombreux domeftique, & que fais-je encore? Si donc Me Lin- » guet travaille avec tant de zele pour M de Morangiés, il faut » que M. de Morangiés paie Me Linguet en conféquence; & s'il » paie, il faut qu'il ait touché 100,000 écus dont il fe fert à fou- » doyer l'éloquence de M^e. Linguet ».

Je fais bien que ce feroit s'avilir que de daigner répondre à de femblables imputations; je fais bien que ce carroffe dont j'aurois pu me paffer, puifque mon pere alloit à pied & que je n'ai point perdu l'habitude de cette allure; cet appartement qui eft agréable, mais qui n'a rien de fuperbe & qui me difpenfe d'une maifon de campagne que je n'ai point; ce nombreux domeftique qui fe réduit à une Cuifiniere, un feul Laquais pour mon frere & pour moi, & un Cocher; tout ce pompeux étalage ayant précédé de long-tems la connoiffance du Comte de Morangiés & les fervices que j'ai pu lui rendre, je n'ai pas même befoin d'obferver que rien n'eft plus étranger à fon procès; je fais bien encore que l'honnêteté desMagiftrats ayant fufpendu jufqu'ici la publicité entiere de cette production fcandaleufe, affure pour l'avenir, à tous ceux qui y font intéreffés, une vengeance éclatante & proportionnée à l'outrage qui leur a été fait.

On en va rendre une plainte authentique, aujourd'hui que nous fommes devant des Juges dont les lumieres égalent le pouvoir & l'intégrité. Auffi n'eft-ce pas l'avenir qui m'inquiete; mais puis-je me refufer à la remarque effentielle du fang-froid avec lequel le Bailliage a vu ces criminels écrits fe multiplier, & de l'approbation qu'il femble y donner par fa Sentence? Les premiers ont été dénoncés au Miniftere public. Le Comte de Morangiés eft en état de prouver que le Lieutenant-Général & le Procureur du Roi ont eu des exemplaires du dernier. Comment n'en ont-ils pas requis au moins la fuppreffion dans le tems où ils flétriffoient ceux que la néceffité d'une légitime défenfe a forcé le Comte de Morangiés de publier? Pourquoi dans l'inftruction le Lieu-

tenant

tenant Général a-t-il refufé opiniâtrement d'y annexer un exemplaire des *preuves démonftratives* que le Comte vouloit y faire
joindre ? Comme intéreffé je veux bien ne pas pouffer cette difcuffion plus loin. L'équité des Juges fupérieurs & peut-être la réclamation publique me dédommageront du filence que je m'im-
pofe.

Au refte à ces traits infames fous lefquels on ne ceffe de repré-
fenter depuis deux ans l'infortuné Comte de Morangiés , oppo-
fons un portrait non fufpect , un témoignage qui doit l'emporter
feul par fa pureté fur les diffamations atroces par lefquelles on s'eft
efforcé de le noircir. Voici une piece qui m'a été envoyée par la
Nobleffe du Diocefe où fes Terres font fituées.

Prenant l'intérêt le plus vif à l'état où fe trouve le Comte de Morangiés , notre Compatriote , depuis le commencement de fon malheureux
procès : Nous fouffignés Gentilshommes du Diocèfe de Mende , nous bor-
nions à réunir nos vœux en filence avec tous les honnêtes gens de qui
il eft connu , pour que la monftrueufe affaire qui lui eft furvenue , pût
fe terminer promptement par le développement de la trame noire ourdie
contre lui.

A fuppofer qu'il n'eût pu parvenir à faire triompher la vérité fur l'impofture , il nous paroiffoit que dans ce cas , les Juges , au défaut de preuves fuffifantes pour mettre au grand jour la friponnerie de fes Adverfaires , le condamneroient en gémiffant d'y être forcés , à payer la faute
que lui a fait commettre fon excès de bonne foi , & fa grande imprudence , mais éviteroient fur-tout de lui caufer le moindre fujet d'humiliation.

Dans cet état , notre attachement particulier pour lui , fondé fur l'eftime , eût tiré de nouvelles forces de fes malheurs même , & par les témoignages que nous lui en aurions donnés , nous aurions tâché d'affoiblir
l'impreffion fâcheufe dont fon ame fût reftée pénétrée , non par le dé-
rangement de fortune qu'il eût éprouvé ; ce motif ne pouvant entrer en
parallele dans les fentimens d'un homme d'honneur tel que lui , avec
toutes les horreurs auxquelles il auroit été expofé jufqu'au dénouement ,
tel que nous venons de le fuppofer.

Nous étions convaincus que malgré les noirceurs publiées contre lui ,
tout ce qu'il y a d'honnêtes gens bien au fait de cette affaire ne pren-
droient pas le change , & que fi par l'évenement il fuccomboit , on le
plaindroit fans ceffer de l'eftimer ; fuite naturelle d'une infinité de con-
fidérations décifives.

Mais aujourd'hui que nous avons appris le traitement ignominieux qu'on
lui a fait effuyer en l'arrêtant comme criminel ; & de voir le Mémoire imprimé de Me Linguet fon Défenfeur , écrit enfuite de fa détention ; aujourd'hui que l'on a ôté au Comte de Morangiés la trifte mais confo-

lante efpérance de fuccomber pour le fond de fon affaire , fans être def-
honoré ; prévenus, comme nous fommes, que nombre d'honnêtes gens
de qui il eft peu ou point connu, penfent fur fon compte d'une maniere
peu avantageufe, pour aider à fufpendre auprès d'eux la prévention que
ce traitement rigoureux a occafionnée, ou pour fervir dans tous les cas
à donner dans fes malheurs au Comte de Morangiés la ▓ble fatisfaction
de favoir que fes Compatriotes font bien éloignés de penfer de même :
d'un commun accord, par un mouvement unanime propre à chacun de
nous, N O U S atteftons *que la Maifon de Morangiés eft infiniment refpecla-
ble à tous égards, qu'elle a toujours tenu dans ce Diocefe le rang le plus dif-
tingué, plus encore par les vertus qui y ont été héréditaires, que par la fortune confidérable dont elle a joui & jouit encore* (1) *;* que le Comte de Morangiés dont l'honneur & la probité femblent devenir aujourd'hui un pro-
blême que bien de perfonnes n'expliquent pas à fon avantage, *a toujours
réuni en fa perfonne ce que l'on peut dire de fa famille.* Nous nous faifons
aujourd'hui un devoir de faire connoître le dégré de confidération, d'eftime & d'attachement qu'il s'eft généralement acquis dans tout ce pays;
c'eft la bafe de nos fentimens pour lui, dont nous ne faurions donner des
témoignages trop forts.

Les perfonnes qui penfent folidement, fenfibles à l'honneur, fauront
démêler facilement, & cela par un principe certain, qu'il ne fe voit pas
d'alliage monftrueux de vertus véritablement reconnues pour telles avec
les crimes les plus bas; que fi par un malheureux, mais poffible phéno-
mene, on appercevoit une variation qui d'un homme parvenu à mériter
l'eftime générale, en fit dans la fuite un jufte fujet d'opprobre, cet homme
fuppofé pris dans la claffe de ceux où les premiers principes d'honneur
doivent avoir eu pour origine le premier moment même de leur exiftence, cette étrange révolution ne pourroit avoir lieu que par des gradations proportionnées à ces deux extrêmes. Ceux qui cherchent à vou-

---

(1) Qu'on prenne garde que ce font des Gentilshommes, des Gentilshommes voi-
fins des lieux où eft le fiége de la fortune du Comte de Morangiés, qui atteftent
qu'elle eft encore confidérable, & qu'on apprécie les indignes plaifanteries, les calomnies non moins indignes qu'on s'eft permifes à ce fujet! Le Comte de Morangiés a
dit que l'objet de fon emprunt, quand il cherchoit 300000 livres, étoit en partie
l'exploitation d'une forêt immenfe qu'il poffede en Languedoc. Voici comme le libelle, dont il eft ici queftion, parle de cette propriété, premiere partie, page 55.

*Sur une très-haute montagne dans le Gevaudan eft une grande Forêt. Elle n'appartient
pas à M. de Morangiés ; mais dans un des revers de la Montagne, roche, nue, efcarpée, où il faut
en plufieurs endroits fe faire defcendre avec des cordes pour y parvenir, il y a un efpace
triangulaire, aride, inculte & inabordable, qui contient dans toute fon étendue un chêne,
un chêne unique, coupé à quatre pieds de haut. Telle eft la poffeffion qui conftitue la forêt
immenfe de fapins, chênes, ormes, charmes & hêtres de la plus belle efpece du Comte de
Morangiés, & dont il n'exige que 800 à 900 livres pour l'arpent, quoiqu'il foit certain que
les entrepreneurs en tireront le double.*

*Tranchons le mot ; un homme capable d'offrir pour sûreté d'un emprunt de 350000 liv.
des biens fubftitués en partie, & l'exploitation d'une forêt chimérique, eft un fripon quand
il n'eft pas un fou. Mais M. de Morangiés eft un homme de qualité,* EH BIEN ! C'EST UN
FRIPON DE QUALITÉ.

Le Comte a joint au procès le plan de cette forêt levé il y a plufieurs années, &

loir faire regarder aujourd'hui le Comte de Morangiés fous le point d'infamie le plus odieux, ne manqueroient pas fans doute de rapporter & prouver les traits par où ils ont pu y être amenés ; traits qu'il ne feroit pas poffible d'ignorer (1).

Nous donnons pour garant de la juftice du fentiment qui nous fait gémir fur l'innocence opprimée en la perfonne du Comte de Morangiés, la connoiffance particuliere que nous avons de fon mérite, *mérite foutenu par des exemples de la probité la plus exacte*, qu'il a toujours donnés dans

---

qui prouve qu'elle contient au moins dix mille arpens : il y a joint une lettre de l'arpenteur qui a fait cette opération, & qui prouve que rien n'eft moins chimérique. Les Tribunaux feront fans doute enfin juftice d'une audace auffi cruelle, d'un écrivain mercenaire, qui en avouant, pag. 6 & 22, de la feconde partie de fon Libelle, qu'il n'écrit que pour vendre, pour gagner quelque argent, fe permet des excès auffi odieux.

(1) Cette réflexion que l'honnêteté préfente ici, le crime l'a faite il y a long-tems. On a bien fenti qu'on effaieroit inutilement d'inculper aux yeux des gens de probité, le Comte de Morangiés d'un trait de fcéleratefle dans cette occafion, fi l'on ne faifoit croire qu'il s'étoit déja écarté d'autres fois des principes de l'honneur. Voilà pourquoi on a travaillé avec tant d'acharnement à trouver quelques-uns de ces écarts à lui reprocher, & que n'en trouvant point, on en a fuppofé : on a empoifonné les faits les plus innocens pour le compromettre. Tels font ceux de la montre & du billet du fieur Paté. Tel eft celui d'un marché d'une Terre, paffé avec M. de la Chatagneraye, que le Comte a voulu, dit-on, payer en billets, après que la vente avoit été ftipulée en argent.

Il exifte au procès une lettre du fieur Paté, qui prouve qu'en effet il a abufé de la confiance du Comte. Il exifte au procès des actes pardevant Notaires, qui démontrent que le fait de la montre eft calomnieux ; que le Comte, bien loin de s'être approprié aucun des bijoux de la perfonne dont il s'agit, en a ufé avec générofité envers fes pere & mere, & a voulu que les effets exiftans fuffent employés à payer les dettes de cette fille décédée. Il exifte au procès une lettre de M. de la Chatagneraye, qui défavoue hautement la calomnie, & qui déclare que le marché a été rompu pour une toute autre caufe que le refus des billets qu'il avoit acceptés, & fur l'offre defquels il avoit d'abord été conclu. L'art des ennemis du Comte dans ces faits, eft d'y avoir faifi un fonds de vérité dont ils n'ont altéré que les détails ; mais ils n'ont pas toujours eu cette demi-circonfpection. Dans ce libelle, dont je parle ici, & où deux de ces faits font rappellés, on y en a joint d'autres qui n'ont pas même de fondement apparent comme les précédens. On y dit, pag. 68 & 69, que le Comte de Morangiés a payé, depuis fon affaire, *pour plus de* 100000 *livres de lettres de change*, & on fait cette queftion, auffi affreufe que maligne, *avec quoi ?* On y dit que la Petit, témoin fuppofé favorable au Comte, a été tirée du Châtelet par quelqu'un qui a payé pour elle cent piftoles, & on s'écrie, *& qui, & avec quoi ?* En parlant d'un autre témoin, arrêté pour dettes, on avance qu'on lui a donné de l'argent pour vivre, en payant de plus 1500 livres, motif de fon écrou, & toujours avec l'interpellation, *qui, & avec quoi ?* Tous ces objets feront détaillés dans la plainte qui fera rendue contre les libelles & l'Auteur. Le calomniateur qui a ofé hafarder de femblables infamies les prouvera, je le répete, ou il fera puni. L'articulation des cent mille livres de lettres de change acquittées, eft fi atroce dans les circonftances, elle eft fi odieufe, qu'elle exige le châtiment le plus exemplaire. Non, le Comte de Morangiés n'a pas payé cent mille livres de lettres de change ; & le peu de paiemens qu'il a faits, on ofe demander avec quoi ? Avec quoi ? miférables, c'eft avec fon fang, avec celui de fa famille, avec ce fang pur & fans tache qui a toujours coulé avec honneur pour la Patrie, avec ce fang que la nobleffe qui s'y reconnoît, & la juftice qui le refpecte, ne laifferont point flétrir. Hélas ! les infortunés qu'ils font n'ont point en ce moment d'autre richeffe.

K ij

ce pays ; nous nous flattons d'ailleurs de ne pas errer dans le jugement que nous portons de son affaire, en suivant les lumieres d'un sens droit qui nous fait examiner scrupuleusement & sans prévention tout ce qui y est à la connoissance du Public. Dès son commencement, son innocence nous a paru certaine malgré l'horrible voile dont ses ennemis ont tâché de la couvrir.

Aujourd'hui, quoiqu'on l'ait traité avec ignominie, nous ne pouvons changer notre façon de penser à son égard, à cause des motifs expliqués précédemment, & parce que son affaire reste la même qu'elle étoit avant, avec la différence que Dieu qui est le protecteur de l'innocence opprimée, semble vouloir nous faire espérer qu'il a mis des bornes aux criminels efforts qui cherchent à l'accabler, & va permettre que ce mystere d'iniquité soit enfin dévoilé. Le Mémoire de Me Linguet, rapporté plus haut, nous donne lieu de croire que le moment n'en est peut-être pas éloigné.

C'est pour tout ce que dessus que, rassemblés dans cette Ville, nous avons, un chacun de nous (seuls Gentilshommes que nous sçachions être actuellement présens dans ce Diocese) signé la présente déclaration pour être envoyée à M. Linguet, afin que, s'il le juge à propos, il en fasse publiquement mention aux fins ci-dessus.

A Mende, le 29 du mois d'Avril 1773. Signé, *L. M. de Ligonnés. Montesquieu. Volonzac. Le Baron de Serviere. De Cultures. La Roquette. De Salles-Chapelain. Serviés. De Clamouze. L'Abbé de Chateauneuf du Tournel. De Chateauneuf. Auzeran du Luchadou. D'Ombret. Larochenegly. Malaval. Colombet. Landos. Soulaget. Belveser de Ligeac.*

Que les calomniateurs du Comte de Morangiés répondent à ce monument non suspect. Vous ne serez point déçus, respectables protecteurs de l'innocence opprimée ; le témoignage éclatant que vous lui rendez sera public. Cette fermeté digne du courage & de l'élévation qui vous distingue, aura des imitateurs. Que dis-je ? ces sentimens si purs, si véritablement nobles, ils existent dans tous les cœurs, au moins dans tous ceux dont le suffrage peut être précieux. Tandis qu'aux extrêmités du Royaume vous prépariez au Comte une consolation si douce, vos collegues dans la Capitale s'empressoient de lui en apporter en foule de non moins touchantes. C'étoit un spectacle bien singulier & bien flatteur que cet empressement d'hommes illustres, décorés, de Militaires distingués, de ce qu'il y a de plus brave & de plus délicat dans un ordre que la bravoure & la délicatesse constituent. Tous ont surmonté, pour aller partager les peines de cet infortuné, la répugnance qu'inspire à des ames honnêtes l'approche de ces lieux d'horreur où il est plongé ; le séjour du crime, purifié en quelque sorte depuis qu'il l'habite, semble être devenu celui de l'honneur.

Jamais peut-être rien n'a été plus satisfaisant pour les Loix que cet hommage rendu aux formes dans la personne d'un accusé absous par l'opinion de ses pairs, & cependant respectueusement abandonné au Jugement des Tribunaux de qui, par notre constitution, dépend le sort des citoyens. On s'est fait un devoir d'adoucir ses peines ; on lui a donné la preuve attendrissante que ses amis n'étoient ni rebutés ni humiliés par son infortune : on n'a pas même essayé d'intervertir en sa faveur l'ordre accoutumé. Cette déférence, il est vrai, n'a jusqu'à présent servi qu'à sa perte : mais il est tems enfin que le jour se leve sur tant de monstrueux abus, & que le scrupule cesse d'être fatal à l'innocence. Plus la gradation de l'ordre judiciaire l'aprochera du trône, & plus sans doute elle a droit de se flatter d'y trouver des rayons épurés qui dissiperont les nuages épaissis par le crime.

§. XXII.

Fait & donné en la Chambre du Conseil, par nous Marie-Nicolas Pigeon, Avocat au Parlement, Conseiller du Roi, Lieutenant-Général au Bailliage du Palais à Paris, Commissaire de la Cour en cette partie, assisté de Me Ponce Bazin, Charles-François Bidault, Antoine-Etienne Cothereau, Marie Carouge, René Gauthier & Charles-Simon Dinet, anciens Avocats au Parlement, le 28 Mai 1773. Signé, &c.

J'abhore toute espece de malignité, sur-tout contre les membres d'un Ordre respectable, où je me ferai toujours honneur d'être compté. Je proteste que je ne veux ni insulter ni compromettre les Juges, qui par complaisance ou par prévention ont souffert que leurs noms parussent au bas de ce monument peu honorable pour la Justice ; mais enfin ces noms mêmes sont devenus une ressource dont on a abusé contre le Comte de Morangiés. On a dit en pleine Audience que le choix des Assesseurs appellés par le Juge du Bailliage garantissoit d'avance l'équité & la régularité du Jugement auquel ils intervenoient, & on l'a fait croire. On a dit qu'il s'étoit associé ce qu'il y avoit de plus célebre dans les Jurisconsultes & de plus éclairé dans un Ordre nécessairement distingué par des lumieres. On vient de voir leurs noms.
Je ne leur conteste ni leur réputation, ni leurs connoissances, mais j'ose demander au Lieutenant Général du Bailliage de quel

droit il a ofé choifir & pourquoi il a pris ceux-là plutôt que d'autres. Il s'eft intitulé Commiffaire de la Cour ; il a eu raifon ; il l'étoit. Mais fes Affeffeurs qu'étoient-ils ? Précifément mes Affeffeurs, des confreres choifis pour m'aider. Choifis ! c'eft-là précifément de quoi je vous demande raifon : deviez-vous, pouviez-vous choifir ?

D'abord dans les Siéges où il n'exifte point un nombre de Juges fuffifans, le Chef eft autorifé à fe faire affifter par des Gradués, ou au défaut des Gradués, par des Praticiens ; mais la raifon & la Jurifprudence l'aftreignent à fe conformer alors à l'ordre du tableau, à donner toujours la préférence aux anciens.

La raifon le veut ; parce que l'age femble cautionner davantage les lumieres & la modération des têtes qu'il a mûries. La Jurifprudence a confirmé ce principe par des Arrêts ; & ce qui eft affez fingulier, par un Arrêt rendu pour le Bailliage du Palais même. Me François Brodeau, nom vraiment célebre, a été maintenu dans le droit d'être appellé à ce Siége par préférence aux Avocats qui lui étoient poftérieurs fur le tableau. Cet Arrêt eft du 15 Mai 1564 *. Denifart qui le cite en rappelle un femblable rendu pour la Connétablie, le 30 Mars 1602. Quelle eft donc la raifon qui a engagé le Lieutenant-Général à intervertir cet ordre ?

*On en a levé une expédition qui fera produite.

Il ne dira pas que tous les Avocats plus anciens ont refufé ; nous prouverions le contraire : il ne dira pas qu'il n'a pas pu en trouver de plus célebres, de plus habiles, ou de plus équitables que ceux qu'il a préférés ; ce feroit outrager les uns fans honorer les autres. Ceux qui ont figné font extrêmement célebres, remplis de lumières & de probité, mais enfin leur réputation & leurs vertus ne font pas exclufives. Il ne dira pas que c'eft parce qu'il étoit plus lié avec ceux qu'il a choifis, & qu'il fe promettoit de leur part plus de complaifance ou de docilité ; ce motif qui ne manqueroit pas de probabilité au moins à l'égard de quelques-uns, les compromettroit tous. Que dira-t-il donc ? Je n'en fais rien. Ce que je fais, c'eft qu'il ne devoit pas fe permettre ce renverfement de l'ordre.

Mais le pouvoit-il ? A l'indécence n'a-t-il pas joint ici l'irrégularité ? & ce choix fufpeƈt n'eft-il pas une nullité radicale qui anéantit le Jugement fans reffource ? Oui, qu'on y prenne garde, le Lieutenant-Général du Bailliage n'étoit ici que Commiffaire délégué. Le pouvoir que lui conféroit l'Arrêt du 11

Avril 1772 fe bornoit à fon Siége ; & comme il compofe à lui feul tout le Siége, il fe bornoit à fa perfonne.

Il eft vrai que dans des matieres de fon reffort, dans les petites rixes qui peuvent s'élever dans l'enclos du Palais, dans l'efpece de difcuffions qui de droit lui appartiennent, il peut fe faire affifter fans formalités par des Gradués dans une inftruction qui lui eft naturellement dévolue : mais ici il n'étoit le Juge naturel d'aucune des Parties qu'il a jugées ; il ne l'eft devenu qu'en vertu de l'Arrêt : les Affociés à qui il a étendu fa Jurifdiction ne pouvoient la tenir de lui. Un Juge délégué ne peut pas déléguer lui-même. Il falloit remonter à la fource dont émanoit fa nouvelle autorité pour la rendre commune ; il falloit qu'il fe retirât devers le Parlement, pour obtenir de ce Tribunal fuprême des Affeffeurs fpécialement inveftis comme lui de la Jurifdiction qu'ils alloient exercer ; & s'il l'avoit fait, le Parlement auroit-il fait le même choix que lui ? Ne fe feroit-il pas conformé à l'ordre du tableau ?

Les fix Avocats devenus Juges par cette intrufion, font tous indiftinctement qualifiés *anciens* par la Sentence ; mais l'ufage eft au Palais de ne donner ce titre & la forte de prérogative qui y eft attachée qu'à un exercice de vingt ans de la profeffion ; or, M.e Carouge & M.e Gauthier n'ont que douze ans, M.e Dinet n'en a qu'onze ; & s'il fe trouvoit que ce font précifément ces trois voix-là qui, réunies à celle du Lieutenant-Général, ont emporté la balance ; fi les trois autres avoient prévenu toutes les réflexions que nous venons de faire ; fi la répugnance de ces trois Jurifconfultes, véritablement *anciens*, à foufcrire tant d'inconféquences, avoit feule prolongé la féance où elles ont été adoptées, & occafionné une difcuffion de vingt-une heures, combien la nullité effentielle qui réfulte du défaut de pouvoir dans ces Juges fi illégalement choifis deviendroit-elle plus férieufe, plus intéreffante ? Sans pénétrer dans ce fecret, qui n'en eft cependant pas un, je me borne à foutenir que le Lieutenant-Général feul ayant eu commiffion pour inftruire & pour juger, n'a pu de fon autorité privée commettre lui-même des Affeffeurs, & que l'indifcrétion avec laquelle il a hafardé cette infraction aux regles, étant aggravée par l'irrégularité du choix, fuffiroit feule pour anéantir fa Sentence.

§. X X I I I.

Prononcé par nous Greffier en Chef au Bailliage du Palais à Paris, à M. le Procureur du Roi, lequel a déclaré être Appellant à minimâ *de ladite Sentence, & a signé.* Signé, PAIL-LARD.

Que le Subſtitut de M. le Procureur Général, Mᵉ Paillard, ait appellé de la Sentence, je n'en ſuis pas étonné : ſes concluſions n'ont pas été ſuivies ; mais ce ſont ces concluſions mêmes dont je me crois autoriſé à lui demander raiſon. Je ne les connois point en détail. Il en a couru des copies toutes différentes, mais toutes atroces. Je ne les juge que par l'effet qu'elles ont néceſſité, par l'obligation impoſée au Comte de ſubir ſon dernier interrogatoire *ſur la ſellette ;* ce qui prouve qu'elles tendoient à des peines afflictives.

Ici, je l'avoue, le ſang me bouillone, & mon cœur ſe ſouleve : le Comte de Morangiés ſur la ſellette ! Il a paru devant les Juges dans le même état que Cartouche. Un Officier Général déclaré enfin innocent, a été réduit, par le caprice d'un ſeul homme, à payer d'avance cette réhabilitation tardive, par la formalité la plus humiliante : mais, que dis-je, humiliante ? l'innocence n'eſt point flétrie par les outrages qu'elle eſſuie ; l'excès de l'injuſtice n'eſt honteux que pour ſes auteurs, & l'aviliſſement dans lequel la cabale qui a dirigé les reſſorts ſecrets de cette horrible procédure, s'eſt flattée de plonger le Comte, ne fera qu'ajouter à l'éclat de ſa juſtification.

Mais cet heureux effet d'une complaiſance bien étrange n'abſout point ceux qui s'y ſont prêtés. Nos Loix veulent que la cérémonie affreuſe de la ſellette ſoit ſubordonnée à la nature des concluſions ; mais elles n'autoriſent pas les mains qui les rédigent ces concluſions fatales, à les donner au haſard. Dans une affaire telle que celle-ci, les ſuites cruelles que devoit avoir pour le Comte la réquiſition d'une peine afflictive, devoient rendre le Miniſtere public plus attentif, plus délicat à la requérir.

La ſeule approche de la ſellette étoit pour un homme de ſon rang un véritable ſupplice. Pour ſe déterminer à l'y dévouer, il falloit être bien aſſuré de ſon crime ; & comme l'exécution de ce ſupplice

plice préliminaire étoit fans appel , c'étoit une raifon de plus d'en
pefer les motifs avec le plus exceffif fcrupule. Peut-on croire
que le Procureur du Roi du Bailliage ait fatisfait à fes devoirs fur cet
article, quand on voit, par la Sentence, le Comte de Morangiés
déchargé fur le feul grief dont il pût réfulter contre lui le foup-
çon d'un délit, & abfous moins clairement , mais non moins certainement du fecond , puifqu'on le déclare convaincu , non pas
du fait , mais de l'avoir nié ?

Quand il y a un délit conftant, les Juges qui l'apprécient peuvent fe méprendre fur le degré de la peine qu'il mérite. Leur caractere peut influer fur leurs opinions , & l'indulgence ou la févérité peuvent être déterminées par leur penchant naturel. Mais leur
eft-il permis de fe tromper du blanc au noir ? Des hommes dans
les mains de qui eft confié le fort de leurs égaux , qui ont à prononcer fur l'honneur & fur la vie , peuvent-ils impunément voir
un crime qu'il faut châtier , où leurs Confreres ne découvrent
que l'innocence qu'il faut abfoudre ? Si cette oppofition eft tolé-
rable ou fans conféquence dans une Compagnie où la différence
des avis ne produit point d'effets , & où celui qui tend à la condamnation n'en a d'autre que de contredire un moment celui qui
fait prévaloir l'abfolution, peut-on l'envifager de même de la
part du Miniftere public , dont le fuffrage , en pareil cas , eft ,
comme je viens de le dire , un Arrêt qui s'exécute fur le champ,
fans appel ?

Ces conclufions , qui fuppofent un crime prouvé , ne font-elles
pas un véritable menfonge fait à la Juftice, quand il ne l'eft pas ?
Ne peuvent-elles pas induire en erreur des Juges foibles, ou inat-
tentifs , ou trop perfuadés qu'ils ont dans les Officiers qui parlent au nom du Roi des guides fcrupuleux, incapables de chercher
à les égarer ? Quand elles n'auroient point l'efficacité affreufe d'entraîner une condamnation injufte, cet affront préliminaire qu'elles
néceffitent , n'eft-il pas une véritable prévarication ?

Eh quoi ! tout homme de nom qui aura le malheur d'être im-
pliqué injuftement dans un procès criminel , cela n'eft pas impoffible , & celui d'avoir un ennemi perfonnel dans un Officier
revêtu de l'exercice du Miniftere public , & cela n'eft pas fans
exemple , pourra être impunément, comme ici , confondu avec
les fcelérats fur des conclufions que la haine aura dictées , traîné
fur la fellette , accablé d'un opprobre que les circonftances ne

L

rendront pas toujours, comme ici, aifé à effacer ! L'Officier vindi-
catif jouira de fon ignominie ; & quand la Juftice viendra effuyer
ce front qu'il aura couvert de honte ; quand le Jugement demen-
tant ces conclufions trompeufes, réhabilitant l'innocence qu'elles
auront outragée, la difpenfera de la totalité de la peine, il ref-
tera à fon perfécuteur le plaifir malin & cruel de lui en avoir fait
dévorer une partie.

Miniftres de Thémis ! Citoyens honnêtes qui avez quelque chofe
à perdre, je ne cefferai de le répéter, réfléchiffez fur les conféquences affreufes que ce texte préfente !

Voilà ce que j'avois à dire fur la Sentence du Bailliage du Palais. Refte à parler de la procédure ; c'eft ce que je ferai bientôt en
traitant de la prife à partie, qui fera certainement demandée, & que
l'équité de la Cour ne lui permettra certainement pas de refufer.

Monfieur GOUDIN, Rapporteur.

Me LINGUET, Avocat.

E R R A T A.

Page 5, *ligne* 8, fe rétablir, *lifez*, fe réalifer.
Ibid.   tout, *lifez*, toute.
Ibid.   *ligne* 20, indifpenfable, *lifez*, inféparable,
  10, *lignes* 14 & 15, on en a offert la preuve : & Aubourg n'eft point
       Partie dans la Caufe ! Le Comte de Morangiés offre de le
       prouver, *lifez*, on en a offert la preuve : le Comte de Morangiés
       l'offre encore, & Aubourg n'eft point Partie dans la Caufe !
  23, *ligne* 3 *du* §, fix, *lifez*, cinq.
  36, *ligne* 30, cependant, *lifez*, certainement.
  37, *ligne* 10, qu'ils, *lifez*, qu'elles.
  48, *ligne* 3 *après la lettre*, fufpendre, *lifez*, ceffer.
  49, *ligne* 1, la feconde, *lifez*, la fienne.
  56, *ligne* 11, du 1er, *lifez*, du 11.

De l'Imprimerie de L. CELLOT, rue Dauphine. 1773.